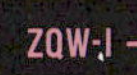

GRLK-73

TERRA / ERDE

KLASSE 4C ZIVILISATION:
SCHWER DESTRUKTIV &
AMÜSANT AGGRESSIV

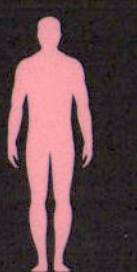

RESSOURCENQUALITÄT:
ANNEHMBAR
KAMPFKRAFT:
GERING

ZQW-1
ZQW-2
ZQW-3
ZQW-4
ZQW-5
ZQW-6
ZQW-7
ZQW-8
ZQW-9
ZQW-A
ZQW-F
ZQW-K

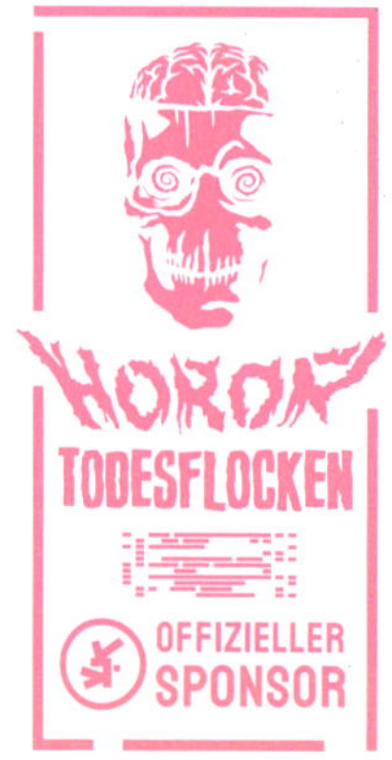

#AIPD #AusserirdischeInvasoren #AusserirdischeInvasorenParteiDeutschlands
#Unterwerfung #Auslöschung #Versklavung #Ausbeutung #Ressourcenabbau
#ZKRAG #ZQRR #ZLZZ #FreiheitDurchUnterwerfung #MenschheitUnterKontrolle
#WähltÜberleben
#LangLebeDerSchwarm
#Wahlsieg #Bundestagswahl #Bundestag #Bundeskanzler:in #Deutschland
#GuterPlan #VielZuTun #DeutschlandAberNormal #ZKRAGPacktDasAn

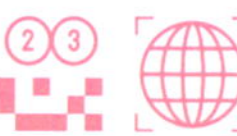

WWW.AIPD-PARTEI.DE ZØXFR CORP.

FREIHEIT DURCH UNTERWERFUNG

PARTEIPROGRAMM

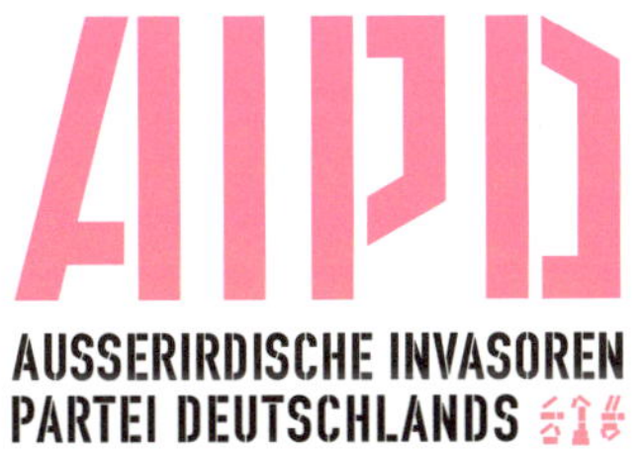

IN DEN UNENDLICH
UNIVERSUMS GIBT
DIE SO UNGLAUBLIC
SIND, DASS SIE DIE
IHRER EXISTENZ SE
UNTER HYSTERISC
ZUNICHTEMACHEN.

DIE UNTERWERF
DIESER SPEZ

WEITEN DES
S SPEZIES,
BESCHRÄNKT
RUNDLAGEN
ENDEN AUGES &
M GELÄCHTER

IG & VERSKLAVUNG
ES IST IN WAHRHEIT
MILDTÄTIGKEIT.

EIN VOLK
EIN HERZ
EIN SCHWARM

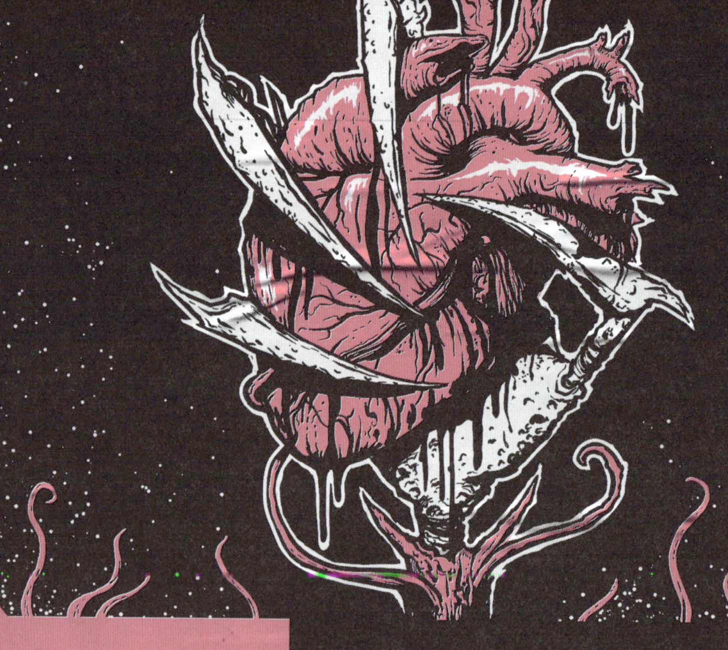

AIPD

AUSSERIRDISCHE INVASOREN
PARTEI DEUTSCHLANDS

HLEN SIE ZLZZ

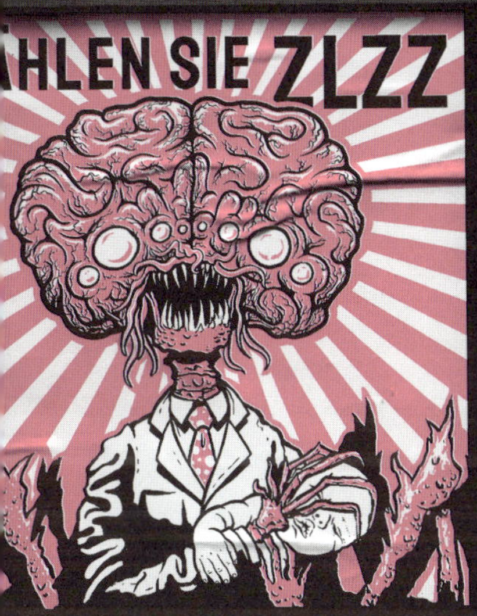

ZZ LIEBT BABYS

PD

AUSSERIRDISCHE INVASOREN
PARTEI DEUTSCHLANDS

JETZT
AIPD
WÄHLEN

UND AUSLÖSCHUNG VERMEIDEN

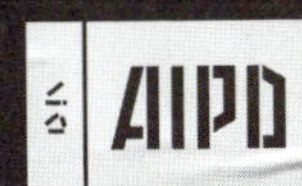

Ausserirdische Invasoren
Partei Deutschlands
ZKRAG der Rachsüchtige, ZQRR der Gnadenlose, ZLZZ der Heuchler

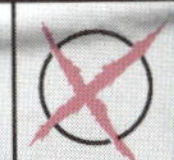

AUSSERIRDISCHE INVASOREN PARTEI DEUTSCHLANDS

JETZT
AIPD
WÄHLEN

ND AUSLÖSCHUNG VERMEIDEN

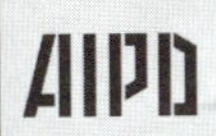

Ausserirdische Invasoren
Partei Deutschlands
ZKRAG der Rachsüchtige, ZQRR der Gnadenlose, ZLZZ der Heuchler

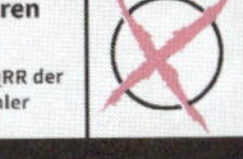

ERIRDISCHE INVASOREN PARTEI DEUTSCHLANDS

WENIGER STEUERN

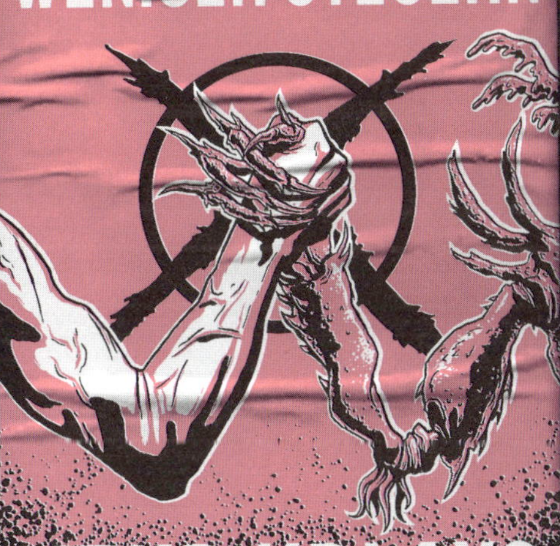

MEHR KRLAXQ

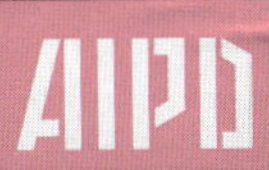

AUSSERIRDISCHE INVASOREN
PARTEI DEUTSCHLANDS

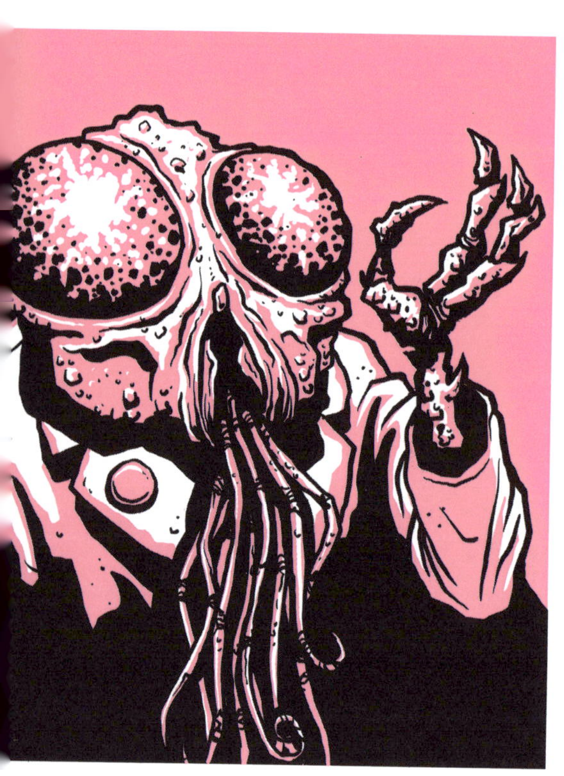

ZWEFF - DER KOMMENTATOR

MENSCHHEIT FROHLOCKE

DEINE UNTERWERFUNG NAHT

Schon lange wartet die Menschheit auf eine Partei, die mehr vermag, als die ewig gleichen Lügen, Plattitüden und Stammtischparolen zu wiederholen. Eine Partei, die fähig ist, die gravierenden Probleme, die der Menschheit und ihrem Fortbestehen drohen, nicht nur zu benennen, sondern realisierbare und kostengünstige Lösungen anzubieten. Eine Partei, deren Politiker:innen nicht einzig durch hinterhältige Frotzeleien und unzureichende Mundhygiene einen Eindruck beim Wahlvolk hinterlassen. Eine Partei der Intelligenz, Kompetenz und Effizienz.

Die Zeit ist gekommen. Mit der AIPD – der Ausserirdischen [sic!] Invasoren Partei Deutschlands – betritt eine solche Partei die Bühne des deutschen Politzirkus und verspricht nicht nur, nein, garantiert Veränderung.

In diesem Parteiprogramm finden Sie Antworten und Lösungen für viele Probleme, mit denen sich die Menschheit aktuell konfrontiert sieht. Von überlegenen Intelligenzen vom Kampfstern HRRZL ersonnen, um das Fortbestehen des Menschengeschlechts (sollte sich dieses als kooperativ und unterwürfig genug zeigen) zu gewährleisten.
Einige der dargebotenen Lösungen werden etwas drastisch erscheinen, andere gar unmenschlich. Und wir versichern Ihnen feierlich, dass sie dies auch sind.

ANMERKUNG ZUM GENDERN

FRW:56ZR54

WICHTIG

Leider bietet die deutsche Sprache keine geeignete Möglichkeit, um die geschlechtliche Vielfalt und Komplexität der außerirdischen Invasoren adäquat wiederzugeben. Schließlich handelt es sich bei den Invasoren sowie bei jeglichen auf Kampfstern HRRZL beheimateten Arten um multisexuelle Wesen, die zwischen 89 und 237 Geschlechter besitzen und als Formwandler nicht unter der Beschränktheit der Geschlechtskonstanz leiden.

Die hierzulande fälschlicherweise als »gendergerecht« bezeichnete Sprache, die mittels Gendersternchen, Doppelpunkt ö. Ä. arbeitet, ist keine Lösung, weil sie Individuen ohne oder mit vielen Geschlechtern diskriminiert und ihnen das männliche und weibliche Geschlecht (die sich sowieso zum Verwechseln ähnlich sind) gleichermaßen aufzwingt.

ANMERKUNG ZUM GENDERN

Aus diesem Grund und weil zahlreichen Demoskopien zufolge ein Großteil der potenziellen AIPD-Wählerbasis als ignorant, unterbemittelt und/oder nostalgisch eingestuft wird, haben wir uns dazu entschieden, ausschließlich das generische Maskulinum zu verwenden. Dies erfolgt keinesfalls aufgrund der Akzeptanz einer sexistischen Sprache, sondern aus manipulativem Kalkül und einer gewissen Gleichgültigkeit seitens der Invasoren gegenüber der menschlichen Genderthematik. Die auf Kampfstern HRRZL übliche Verwendung von zufällig gewählten und gleichzeitig ausgesprochenen Artikeln, Personalpronomen etc. sowie andere sprachliche Errungenschaften unserer Zivilisation trauen wir dem deutschen Geist nicht zu.

Im Hinblick auf den Menschen haben wir dennoch eine »gendergerechte« Sprache gewählt, da dies angesichts der primitiven körperlichen, sozialen und geistigen Ausgestaltung des Homo sapiens unkompliziert erscheint und den ohnehin nicht sonderlich ästhetischen Klang der deutschen Sprache nur geringfügig entstellt.

89-237 GESCHLECHTER

BEWEISEN DIE ÜBERLEGENHEIT DER INVASOREN

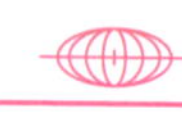

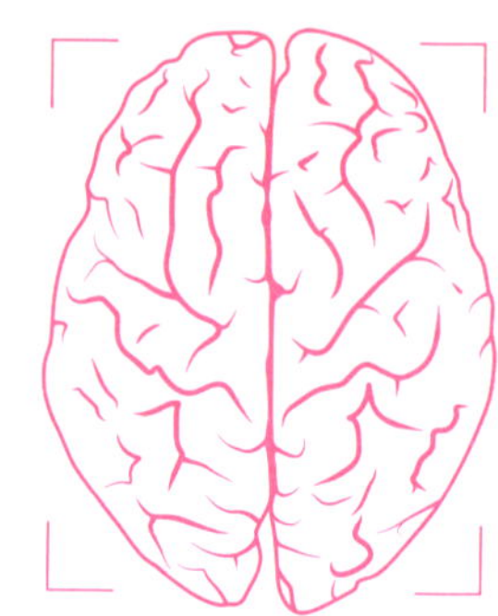

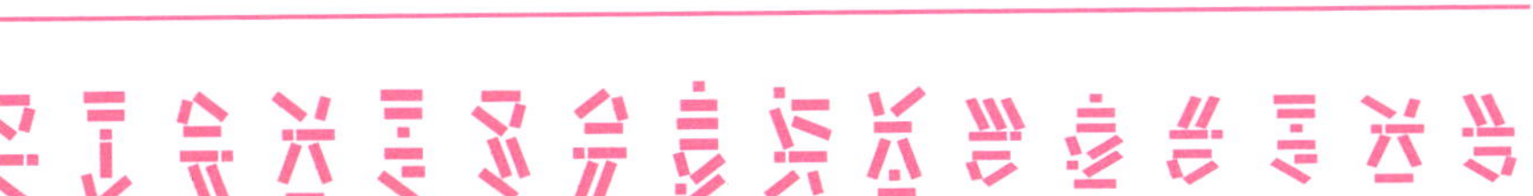

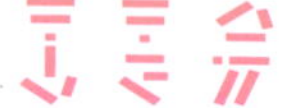

INHALT

VORWORT 11

ANMERKUNG ZUM GENDERN 12

DIE PARTEI 19

DIE AIPD – EINE BEISPIELLOSE ERFOLGSGESCHICHTE 21

UNTERWERFUNG IN ZAHLEN 26

KAMPFSTERN HRRZL 28

ERFOLGSREZEPT:TODESLASERSTRAHLEN™ 31

ZOXFR CORP. 32

DAS PROGRAMM 37

FREIHEIT DURCH UNTERWERFUNG 41

UNSERE KERNTHEMEN 43

VERSKLAVUNG TRANSPARENTER GESTALTEN 45

RESSOURCENAUSBEUTUNG OPTIMIEREN 46

EIN VOLK. EIN HERZ. EIN SCHWARM. 49

GLÜCK DURCH HYPNOFRAM 53

WENIGER STEUERN, MEHR KRLAXQ 54

REPRODUKTION REGULIEREN & ÜBERHOLEN 57

AUSLÖSCHUNG DURCH KILLERDROHNEN VERMEIDEN 58

WEITERE THEMEN — **63**

- BIOSPHÄRE STABILISIEREN & RESSOURCEN KASSIEREN — 65
- NEIN ZUR IMPFPFLICHT — 66
- MASKEN FÜR ALLE — 69
- KLIMA SCHÜTZEN — 70
- QUALEN STATT WAHLEN — 73
- RESPEKT FÜR RENTNER:INNEN — 74
- MATING STATT DATING — 77

DIE RELIGION — **80**

- ÜBERLEGENE SPIRITUALITÄT — 80
- TOP 10 DER DENKWÜRDIGSTEN TÖTUNGEN — 84
- LOBGESANG 764 — 87

DIE KANDIDATEN — **89**

- ZKRAG – DER RACHSÜCHTIGE — 91
- EIN INTERSTELLARER WARLORD MIT STIL — 92
- ZLZZ – DER HEUCHLER — 99
- EIN PSI-INSEKTOIDE AUF DEM WEG NACH BERLIN — 100
- ZQRR – DER GNADENLOSE — 105
- ZQRR IM INTERVIEW — 106

DIE MACHTERGREIFUNG — **115**

- MACHTERGREIFUNG – PHASE 1 — 118
- MACHTERGREIFUNG – PHASE 2 — 120
- ERGÄNZUNG ZUR AKTUELLEN LAGE — 122

DIE PARTEI

INVASOREN MIT HERZ

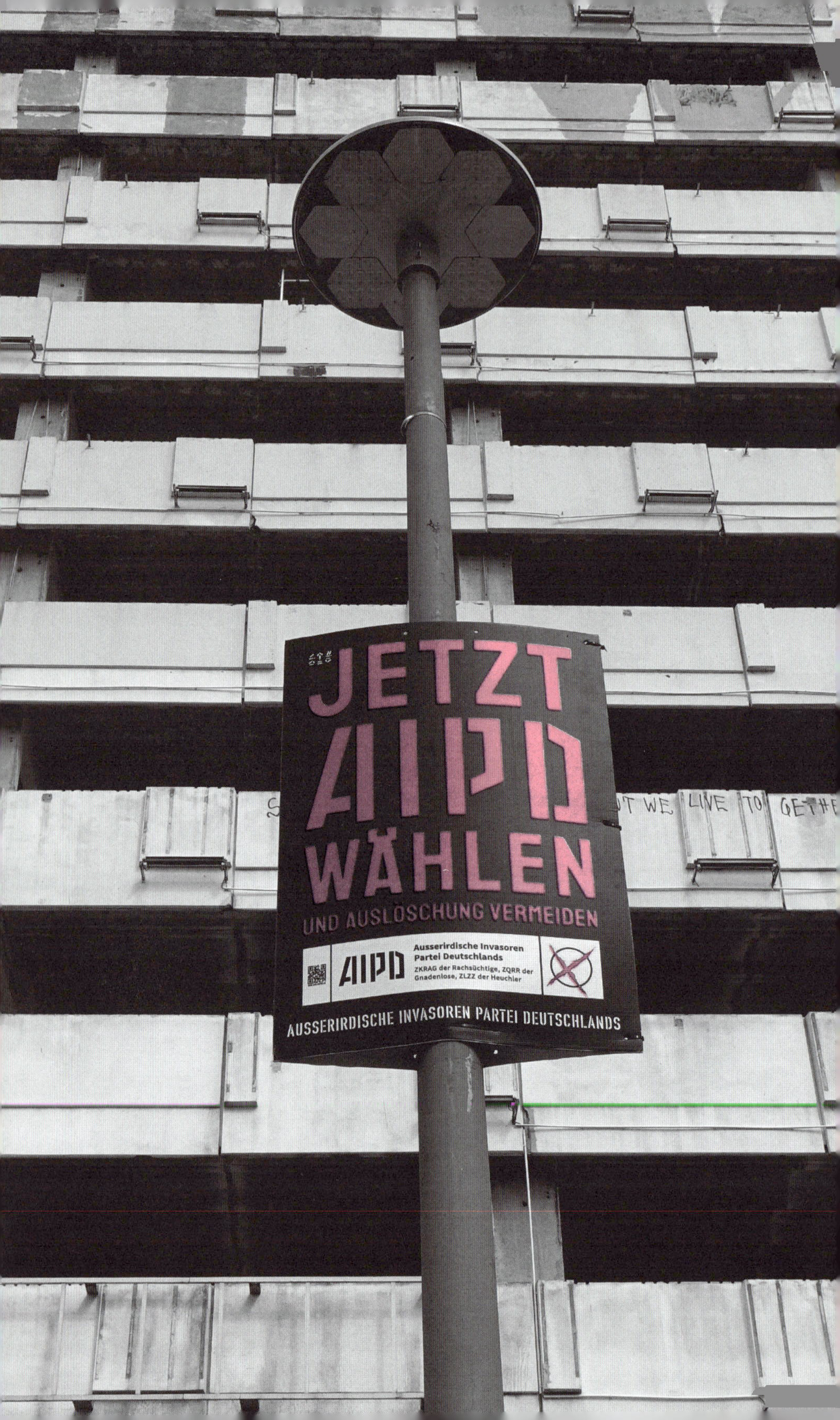
JETZT
AIPD
WÄHLEN
UND AUSLÖSCHUNG VERMEIDEN
AIPD
Ausserirdische Invasoren Partei Deutschlands
ZKRAG der Rachsüchtige, ZQRR der Gnadenlose, ZLZZ der Heuchler
AUSSERIRDISCHE INVASOREN PARTEI DEUTSCHLANDS

DIE AIPD – EINE BEISPIELLOSE ERFOLGSGESCHICHTE

Der Einstieg der AIPD in die deutsche Politik war fulminant. Direkt nach Bekanntgabe der Parteigründung ereilten unzählige Gesuche von deutschen Spitzen- und Durchschnittspolitiker:innen die AIPD-Parteizentrale. Der Tenor war einhellig: Lobhudelei bis hin zur selbsterniedrigenden Speichelleckerei und Bekenntnisse zur bedingungslosen Identifikation mit der Parteilinie der AIPD – kurzum, man wolle überlaufen. Parteimitglieder jeglicher Couleur – darunter nicht wenige Minister:innen – bettelten vor dem glänzenden AIPD-Bunker aus verchromtem Titanstahl um Einlass.

Geistig zurückgebliebene Nationalist:innen begehrten ebenso der Partei beizutreten wie die weltfremden Konservativen (deren wahnwitzige Agenda, das Alte zu bewahren, während man gleichzeitig die disruptiven Kräfte des unregulierten technologischen Fortschritts fördert, übrigens ein beliebter Witz auf Gurmio 7 ist). Die von Macht und Geld zerfressenen ehemaligen Arbeiterparteien hegten den Wunsch nicht minder als die kommunistischen Trauerparteien und selbst die Öko-Parteien, die einzigen, die zumindest im Ansatz eine Vorstellung von einem adäquaten Plan für das Fortbestehen der Menschheit vorzuweisen haben, legten eine gravierende Zersplitterung und seltsame Verwirrung an den Tag.
Angeekelt und irritiert von diesem zutiefst würdelosen Verhalten, entschied die Parteiführung der AIPD einstimmig, jegliche Gesuche abzulehnen und den erbärmlichsten Antragsteller:innen aus Mitleid Sterbehilfe mittels Skyrmo-Parasiten zu ermöglichen.

Die Reaktionen des deutschen Wahlvolks waren nicht minder enthusiastisch: Endlich eine Partei, deren Pläne man ernst nehmen könne, die das allgemeine Bedürfnis nach Unterwerfung und Kontrolle verstehe und nicht nur glaubhaft erscheine, sondern auch einen kompetenten und engagierten Eindruck erwecke. Man habe die ewig gleichen Visagen und lahmen Plattitüden satt und sehne sich nach schnittigen Führer:innen mit Weitblick und gepflegten Mundwerkzeugen.
Der Frust und die Politikverdrossenheit waren überwältigend, die

ENDLICH EINE PARTEI, DEREN PLÄNE MAN ERNST NEHMEN KÖNNE, DIE DAS ALLGEMEINE BEDÜRFNIS NACH UNTERWERFUNG UND KONTROLLE VERSTEHE UND NICHT NUR GLAUBHAFT ERSCHEINE, SONDERN AUCH EINEN KOMPETENTEN UND ENGAGIERTEN EINDRUCK ERWECKE.

Schmähungen, mit denen die herrschende Klasse und die Vertreter:innen des politischen Systems bedacht wurden, beispiellos. ZLYL der Analysator verfiel in ein resignatives Gelächter und beantragte augenblicklich seine Versetzung auf einen Planeten, dessen Eroberung zumindest eine geringe Herausforderung darstellen würde. Die Menschheit habe sich quasi schon ergeben, so seine – retrospektiv nicht ganz korrekte – Analyse.

Mit seiner präzisen Analyse, dass die Menschheit keinen Kampfgeist besitze und weder Interesse an der Verteidigung des Status quo noch an der Aufrechterhaltung des geltenden Systems habe, lag ZLYL hingegen richtig. Doch welch Widerstand von tief implementierten Strukturen ausgehen kann, dies unterschätzte der Analysator.
Schließlich stellt die deutsche Bürokratie in ihrer unnötigen und offensichtlich absichtlichen Kompliziertheit ein System von solch

perfiden und irrsinnigen Regeln dar, dass sie – nach eingehendem Studium durch die HRRZL-Schwarmdenk-Zlottls – zu einer Waffe nicht minderen Wirkungsgrades deklariert und für weitere Studien freigegeben wurde.
Da dies die schnelle Auslöschung der Menschheit mittels Todeslaserstrahlen™ ausschließt, kann die deutsche Bürokratie als Hauptgrund für das vorübergehende Fortbestehen der Menschheit angeführt werden. Die HRRZL-Schwarmdenk-Zlottls erhoffen sich erhebliche Vorteile bei der Weltenunterwerfung durch die Implementierung absurder bürokratischer Systeme nach deutschem Vorbild, wodurch jeglicher Widerstand unmöglich gemacht werden soll.

Die kommunikative Manipulation der Menschen stellte sich glücklicherweise als äußerst einfach heraus. Schnell war ein geeigneter Propagandist gefunden, dessen mentale Barrieren rasch gebrochen waren und der sich als vielversprechende Schnittstelle zwischen den Menschen und der AIPD erwies. Der gesellschaftlich vorherrschende Propagandatenor sollte es der AIPD ein weiteres Mal einfach machen. Völlig sinnentleerte Worthülsen, unangebrachte Feelgood-Sprüche und Komplexität vermeidende Pauschalerklärungen waren an der Tagesordnung. Die AIPD konnte sich bequem zurücklehnen und dabei zusehen, wie die simplen, aber zutreffenden Wahrheiten, die sie zu verkünden hatte, das deutsche Volk im Sturm für sich einnahmen.

Die ersten Wahlen zeichneten ein Bild, wie es die Großaktionär:innen der ZOXFR Corp. gewohnt sind und lieben: Wahlergebnisse von 86 % und mehr bei kleineren Landtags- und Kommunalwahlen waren Werte, mit denen man sich zufriedengeben konnte.
Doch schnell tauchten unerwartete Hindernisse auf, die die Machtübernahme der AIPD zu verzögern vermochten. Nach den ersten erdrutschartigen Siegen der AIPD brachen die Wahlergebnisse überraschend ein. Plötzlich wurden nur noch Resultate von 1-4 % vermeldet. Die Demoskopien offenbarten jedoch eine ganz andere Sachlage. Augenscheinlich musste von Wahlmanipulation ausgegangen werden.

Als Drahtzieher kommt nach aktuellen Erkenntnissen höchstwahrscheinlich eine Bande von satanistischen, tetrasexuellen Reptiloiden infrage, die sich vornehmlich von Adrenochrom ernährt und die deutsche Politiklandschaft strategisch durchsetzt hat. Eine Todesliste wird erarbeitet und zeitnah umgesetzt. Nach der Überwindung dieser Komplikationen sollte die Unterwerfung mit gewohnter Dynamik fortschreiten.

Schon bald wird dem deutschen Volk die Repräsentanz zuteilwerden, die es sich wünscht und verdient. Die totale Unterwerfung naht.

Lang lebe der Schwarm.

ANMERKUNGEN ZUR EIGENSCHREIBWEISE DER AUSSERIRDISCHEN INVASOREN PARTEI DEUTSCHLANDS

1. Das »scharfe S«, auch »Eszett« genannt, ist eine ekelhafte Eigenart der deutschen Schriftsprache. Die AIPD wird die Verwendung dieser Abnormität nicht dulden.

2. Da die gesellschaftlichen Organisationsstrukturen der Menschheit stark durch primitive Suchmaschinen geprägt sind, zielt die Eigenschreibweise der AIPD auf eine verbesserte Auffindbarkeit ab. Allein auf der Tastatur nach deutscher Norm existiert eine »Eszett-Taste«.

3. Außerhalb der deutschen Schriftsprache wird das »scharfe S«, das für höhere Zivilisationen keinen echten Buchstaben darstellt, ausschließlich von den unterbemittelten KRUKK-Völkern verwendet und gehört schon allein deswegen geahndet.

AIPD
OFFIZIELLER SPONSOR

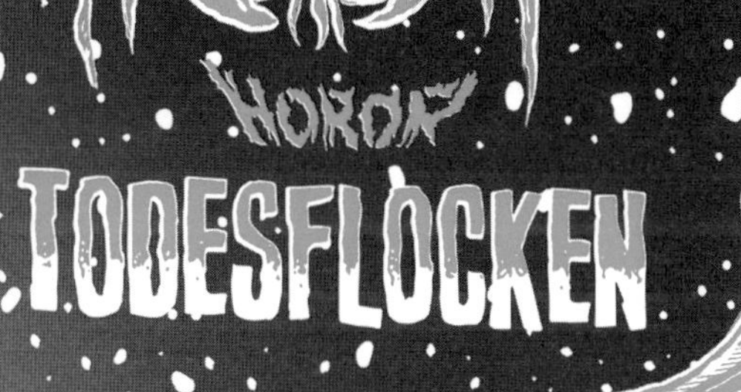
TODESFLÖCKEN

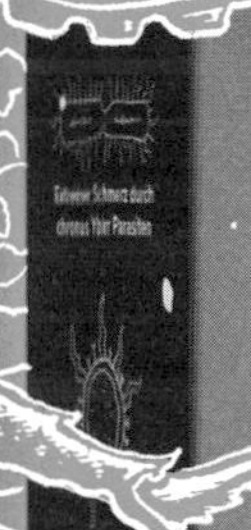

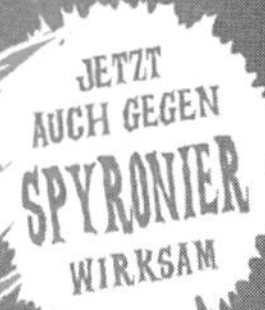
JETZT AUCH GEGEN SPYRONIER WIRKSAM

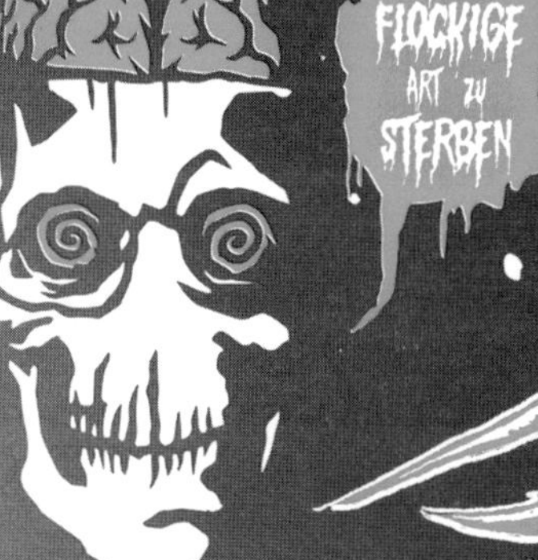
DIE FLOCKIGE ART ZU STERBEN
75 MG

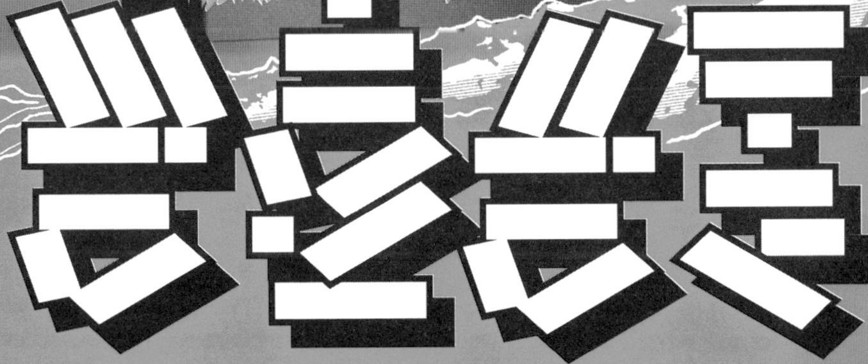
100% SCHMERZHAFT × 100% TÖDLICH

UNTERWERFUNG IN ZAHLEN

Die vollständige Datensammlung zu den unterworfenen Welten sowie die detaillierten Bilanzen sind für Teilhaber der ZOXFR Corp. im Kzyrnet einsehbar: 6473895.83647G73.Q.75363777.ZQ.8741432630.02

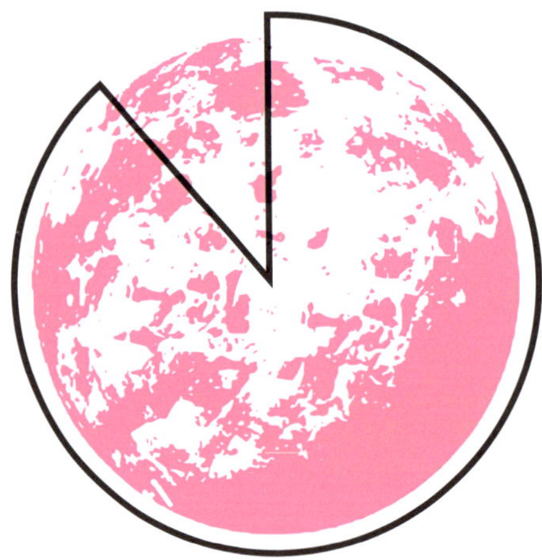

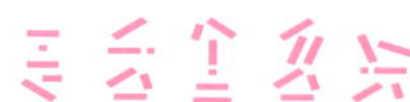

KRG-34.9

KRUKK-WELT - I

Zivilisationsklasse:	**8G**
Ressourcenqualität:	**Gut**
Kampfkraft:	**Nicht vorhanden**

Primitiv, aber widerstandsfähig.
Persönliche Fehde ZKRAGs.

89% UNTERWORFEN

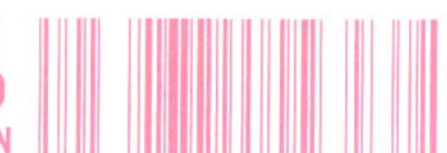

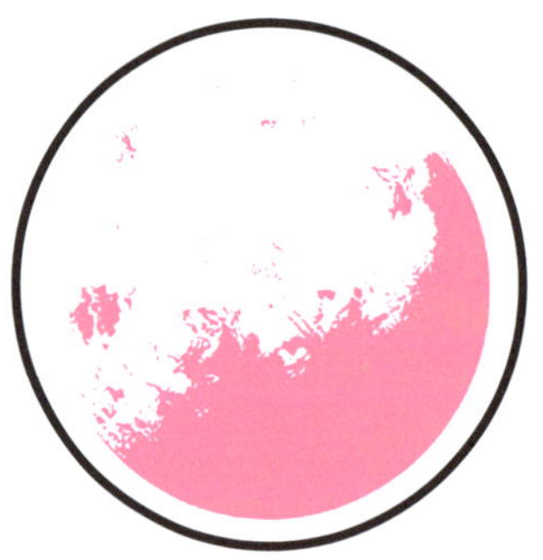

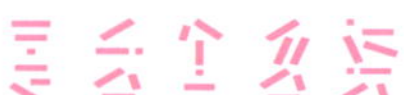

SYX-897.W2

SKYRLON VII

Zivilisationsklasse:	**5G**
Ressourcenqualität:	**Sehr gut**
Kampfkraft:	**Gering**

Friedliche, aber schwache Spezies.
Große Kobalt- & Hymarinvorkommen.

100% UNTERWORFEN

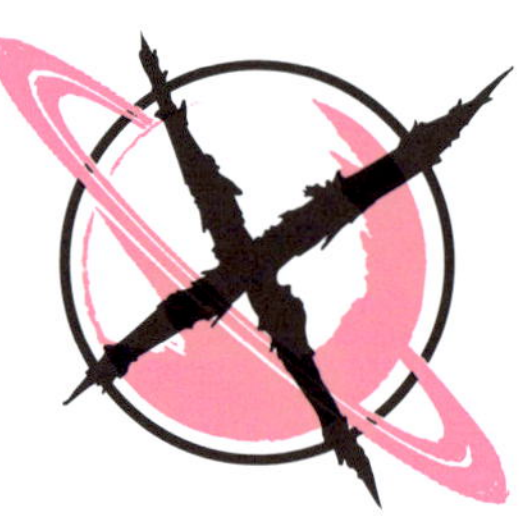

KRK-457.G

KRUKK-WELT - 7

Zivilisationsklasse:	**9P**
Ressourcenqualität:	**Exzellent**
Kampfkraft:	**Lächerlich**

Primitivste aller Krukk-Welten.

100% UNTERWORFEN

100% VERWERTET

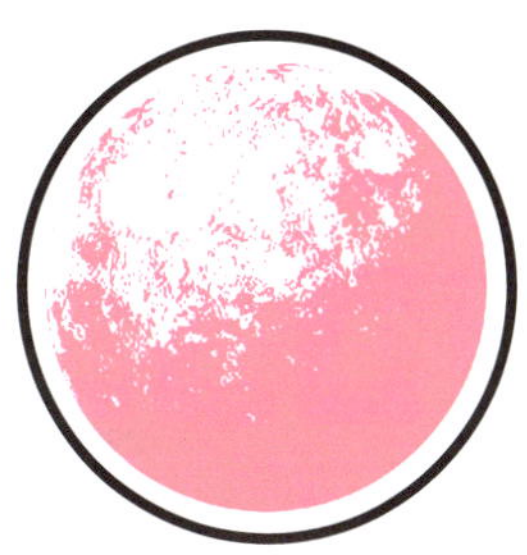

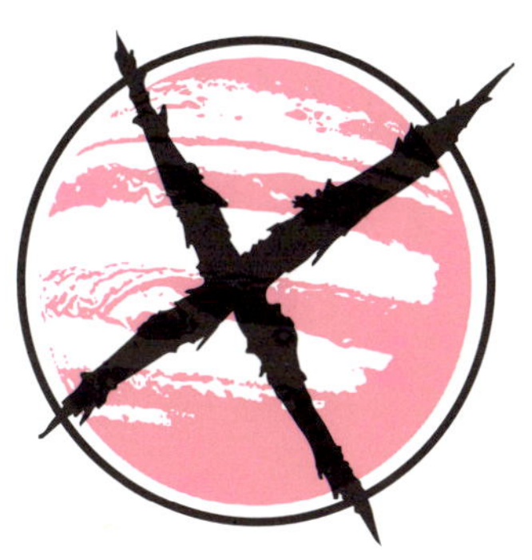

697.56-GHQ

2. SYNOREN-TRABANT

Zivilisationsklasse: 3G
Ressourcenqualität: Gering
Kampfkraft: Nicht vorhanden

Vollkommen demilitarisierte Hedonisten-Zivilisation. Hohes Schmerzempfinden.

100% UNTERWORFEN

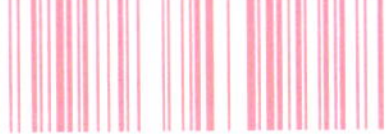

KRW-4.GH

KRUKK-WELT - 4

Zivilisationsklasse: 7G
Ressourcenqualität: Miserabel
Kampfkraft: Mittel

Intellektuelle Hochburg des Krukk-Imperiums. Zerstörung zu Unterhaltungszwecken (X-tinct TV)

100% UNTERWORFEN 100% MEDIAL VERWERTET

GTRG-34.9

GORDONA

73% UNTERWORFEN

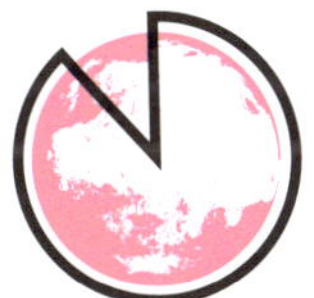

ORZ-TX-2.6

II TRABANT V. OHRZ

89% UNTERWORFEN

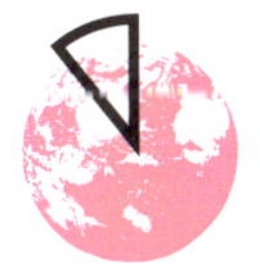

GRLK-73

TERRA / ERDE

17% UNTERWORFEN

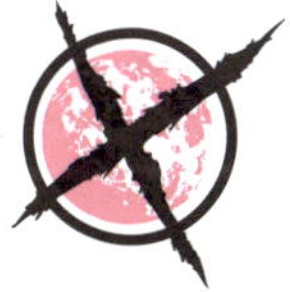

KRM-II

KRUKK-WELT - 2I

100% UNTERWORFEN 100% VERWERTET

303.428

SPEZIES AUSGELÖSCHT

743

ZIVILISATIONEN UNTERWORFEN

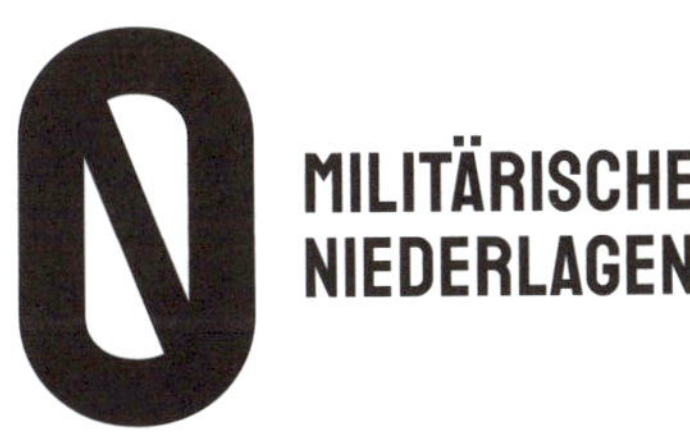

KAMPFSTERN HRRZL

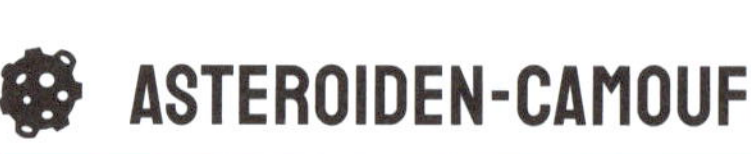

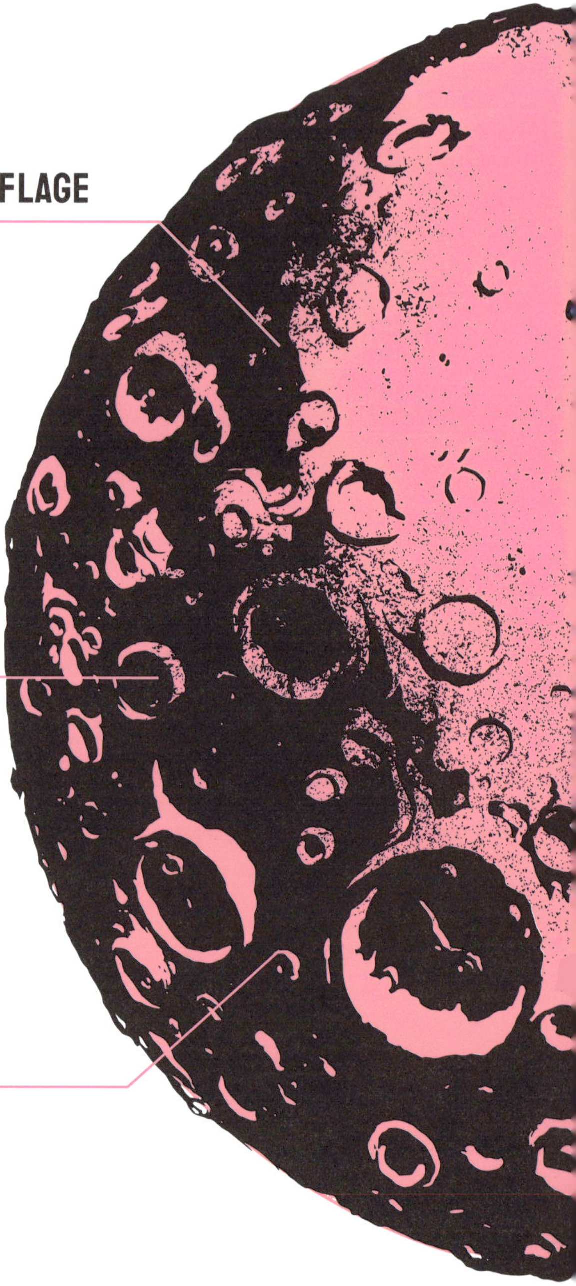

ASTEROIDEN-CAMOUFLAGE

Ein nach außen hin lebloser und wenig einladender Gesteinskörper bewahrt die Schwarmbrutstätten vor unerwünschtem Besuch.

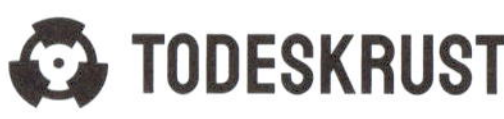

TODESKRUSTE

Eine mit der schwarminternen Variante des Scrimum-Parasiten überzogene und zusätzlich mit Kal-Gyrg-Kampfgift glasierte Planetenoberfläche beendet jegliche Annäherungsversuche schwarmfremder Organismen schnell und effektiv.

SCHWARMKANÄLE

Eine Vielzahl stets gewarteter und gut geschleimter Schwarmkanäle ermöglicht rasante Angriffe auf unmittelbare Nachbarwelten und eine gesteigerte Killerdrohnen-Austrittsrate.

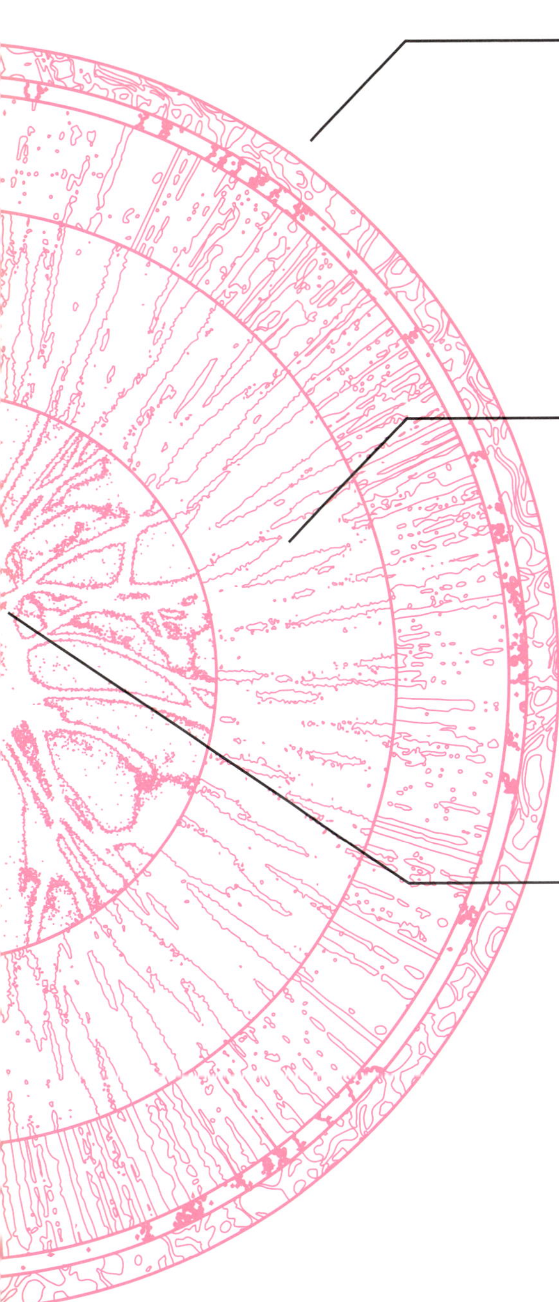

ATMOSPHÄRENLOS

Das Fehlen jeglicher Atmosphärengase macht das Überleben für die meisten fremden Spezies unmöglich. Des Weiteren verschandeln keine unnötigen Gase die attraktive Planetenkruste.

NATÜRLICHE SYRONIUMVORKOMMEN

Enorme Syroniumvorkommen befähigen den Schwarm, die Todeslaserstrahlen™-Technologie vollkommen autark und ohne jegliche Ressourcenimporte zu betreiben. Eine Eroberung HRRZLs ist somit nahezu ausgeschlossen.

WURMLOCH-NUKLEUS

Seit der Implementierung der Qtrez-Warp-Technologie durch die ZOXFR Corp. verfügt HRRZL über den größten bekannten Wurmloch-Nukleus, der dem Schwarm kurze Angriffswege ermöglicht; auch in die entferntesten Ecken der Nachbargalaxien.
Im unwahrscheinlichen Falle einer Eroberung durch fremde Mächte ließe sich der Nukleus in ein alles verschlingendes Schwarzes Loch umpolen, um jeglichen Angreifern sowie der übrigen Galaxie den Garaus zu machen.

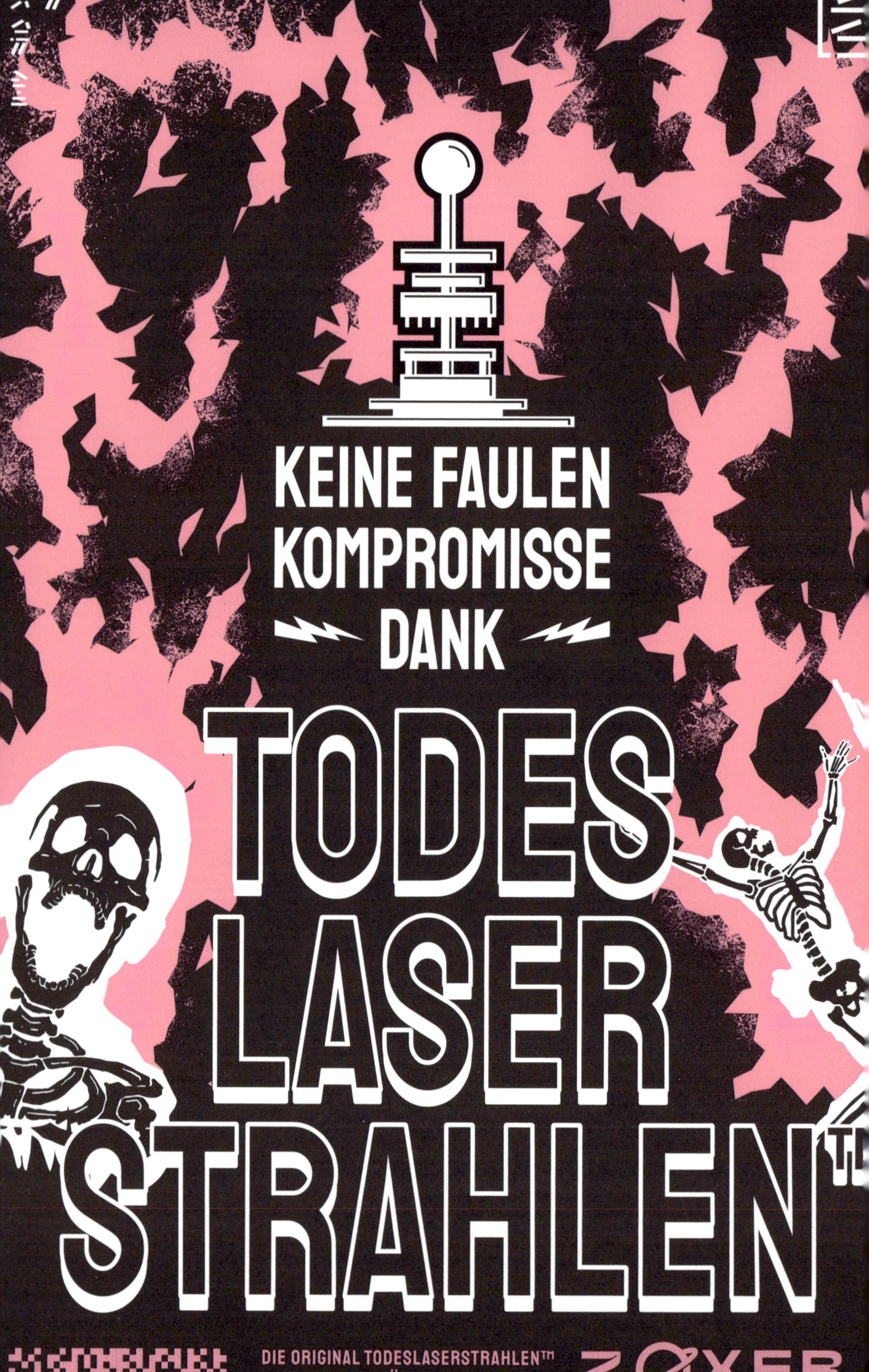
KEINE FAULEN
KOMPROMISSE
DANK
TODES
LASER
STRAHLEN™
DIE ORIGINAL TODESLASERSTRAHLEN™
SIND EINE GESCHÜTZTE MARKE DER
ZOXFR

ERFOLGSREZEPT:

TODES LASER STRAHLEN™

#Politikverdrossenheit aufgrund von verwässerten Pseudolösungen und halbherzigen #Kompromissen? Nicht mit der AIPD. Dank der fortschrittlichen #Todeslaserstrahlen™-Technologie ist die AIPD nicht genötigt, den nervigen Forderungen von oppositionellen Hampelmenschen in irgendeiner Weise entgegenzukommen.

#Todeslaserstrahlen #Politikverdrossenheit #Kompromisslosigkeit

#AIPD #AusserirdischeInvasoren #AusserirdischeInvasorenParteiDeutschlands #Unterwerfung #Auslöschung #Versklavung #Ausbeutung #Ressourcenabbau #ZKRAG #ZQRR #ZLZZ #FreiheitDurchUnterwerfung #MenschheitUnterKontrolle #WähltÜberleben

#LangLebeDerSchwarm

#Wahlsieg #Bundestagswahl #Bundestag #Bundeskanzler:in #Deutschland

#GuterPlan #VielZuTun #DeutschlandAberNormal #ZKRAGPacktDasAn

ZOXFR CORP.

ZOXFR CORP.

Die Geschichte der ZOXFR Corp. reicht bis weit ins 12. Garom zurück, doch erst mit der Übernahme durch den skrupellosen und außerordentlich erfolgreichen Jungunternehmer ZKZSS im 13. Garom 324.654.UT beginnt die – mittlerweile bis weit über die Grenzen des Gilga-Clusters hinaus bekannte – einzigartige Erfolgsgeschichte des Unternehmens. Bis zur Tötung des damaligen Firmenchefs und ZKZSS' Erzeugers mittels Gyrro-Sekrets durch den aufstrebenden Jungkapitalisten war die ZOXFR Corp. nur einer von vielen planetaren Ausbeuterbetrieben auf Kampfstern HRRZL. Ein klassisches, altbewährtes Businesskonzept: Ressourcenreiche Planeten erobern, ihre Bewohner:innen versklaven oder auslöschen – im besten Fall erst das eine, dann das andere –, die Planeten fachgerecht zerlegen und ihre Rohstoffe in den intergalaktischen Handelszentren der Gorak-Gilde verscherbeln.

Die traditionellen planetaren Ausbeuterbetriebe gingen hierbei sequenziell vor: ein Planet nach dem anderen, wobei die Unterwerfung und der Abbau häufig mehrere Frnkqirrel dauerten – in besonders hartnäckigen Fällen ganze Garome.

Jede Zivilisation musste analysiert, ihre Schwachstellen erkannt und anschließend bezwungen werden, bevor die langwierige und meist kostenintensive Ernte des Planeten mittels Quora-Frachtern beginnen konnte.

ZKZSS bewies hierbei auf gleich mehreren Gebieten einen bemerkenswerten Weitblick. Seine Idee, die planetare Unterwerfung und Ausbeutung minutiös zu studieren, um diese systematisieren zu können, wurde von vielen Branchengrößen belächelt. Zu unterschiedlich seien die Spezies der umliegenden Galaxien, zu verschieden die planetaren Beschaffenheiten. Auch seine Entscheidung, massiv Ressourcen in die Erforschung der Todeslaserstrahlen™-Technologie zu stecken und für Abbau und Transport auf die neue und zu jenem Zeitpunkt noch instabile Qtrez-Warp-Technologie zu setzen, wurde von vielen Experten als tollkühn, wenn nicht sogar als irrsinnig verhöhnt.

EIN KLASSISCHES, ALTBEWÄHRTES BUSINESSKONZEPT: RESSOURCENREICHE PLANETEN EROBERN, IHRE BEWOHNER:INNEN VERSKLAVEN ODER AUSLÖSCHEN – IM BESTEN FALL ERST DAS EINE, DANN DAS ANDERE –, DIE PLANETEN FACHGERECHT ZERLEGEN UND IHRE ROHSTOFFE IN DEN INTERGALAKTISCHEN HANDELSZENTREN DER GORAK-GILDE VERSCHERBELN.

Doch die Zeit sollte ZKZSS schnell recht geben. Durch die Übernahme des Wrqq-Instituts – der fortschrittlichsten Forschungsinstitution auf dem Gebiet der planetaren Eroberungen – in den Mutterkonzern wurde der Grundstein für eine umfassende Datensammlung gelegt, die mit jeder weiteren Eroberung verfeinert und ergänzt wurde. Aus ihr resultierten schlussendlich die – heute allseits bekannten – »Vier ZOXFR'schen Strategien der Unterwerfung«.

Hier, der Vollständigkeit halber, die besagten Strategien im Detail (wobei diese jedem vertraut sein sollten, der kein hinterweltlerischer [sic!] Krukk ist):

ZOXFR CORP.

1. Die totale Vernichtung:

Vollständige und kompromisslose Auslöschung von Zivilisationen, deren Kultur und Technologien. Zweckdienlich für eklatant unfähige und unbrauchbare Spezies oder sehr aggressive und kriegerische Arten, die ein signifikantes Risiko für die Vorhaben der ZOXFR Corp. darstellen. Instrument der Vernichtung sind klassischerweise die populären Todeslaserstrahlen™.

2. Die umfassende Vernichtung:

Vollständige und kompromisslose Auslöschung von Zivilisationen, bei Erhalt ihrer Technologien (und in sehr seltenen Fällen auch ihrer kulturellen Reliquien). Zweckdienlich für technologisch fähige Spezies, die jedoch nicht für die Haltung als Arbeitssklav:innen geeignet sind oder aufgrund ihrer Fähigkeiten ein Risiko für die Vorhaben der ZOXFR Corp. darstellen. Instrumente der Vernichtung sind für gewöhnlich chemische oder biologische Kampfstoffe wie die unübertroffenen »HOROR Todesflocken™ – die flockige Art zu sterben«.

3. Die manipulative Unterwerfung (optional mit anschließender Vernichtung):

Die Übernahme fremder Zivilisationen mittels ausgeklügelter Propaganda und Drohtechniken. Zweckdienlich bei einfältigen und leicht manipulierbaren Spezies, die als Arbeitssklav:innen für den Abbau des eigenen Planeten qualifiziert sind. Die Vernichtung erfolgt meist automatisch durch die vollständige Verwertung des Planeten. Häufig eingesetztes Unterwerfungsinstrument ist die Psychokontrollsubstanz Hypnofram.

4. Die medial verwertete Vernichtung:

Die unterhaltsame und publikumswirksame Niedermetzelung einer Spezies und die Liveübertragung dessen durch die X-tinct TV Unterhaltungsgesellschaft. Kommt zum Einsatz bei sehr aggressiven und kriegerischen Arten sowie bei Spezies mit ästhetisch interessanten oder witzigen Sterbeprozessen (Zerplatzen, Zerbröseln, Auslaufen etc.). Instrument der Abschlachtung sind z. B. die extra zu diesem Zwecke gespliceten Killerdrohnen.

Durch die Systematisierung der Unterwerfungs- und Ausbeutungsprozesse in Kombination mit der stabilisierten Qtrez-Warp-Technologie wurde die ZOXFR Corp. befähigt, mehrere Planeten simultan zu verwerten, woraufhin das Unternehmen schnell Rekordgewinne verzeichnete.

Auch ZKZSS' cleverer Schachzug, sämtliche Investor:innen grausam zu ermorden, anstatt die Investitionen inklusive fälliger Zinsen zurückzuzahlen, beeindruckte die Aktionär:innen, woraufhin sich der Handelswert der ZOXFR Corp. nahezu verfünffachte. Durch den massiven Kapitalzuwachs war ZKZSS dazu imstande, alle konkurrierenden Unternehmen aufzukaufen und widerspenstige Mitbewerber auszulöschen.
Er hatte die ZOXFR Corp. in eine angenehme Monopolstellung gemanagt. Der Eroberung des gesamten Gilga-Clusters stand nun nichts mehr im Wege.

Die weitere Unternehmensgeschichte sollte auch den letzten Hinterweltlern bekannt sein, mal abgesehen von den ewig beschränkten Krukk: die furiose Eroberung von Skyrlon 75-X, die Auslöschung des Myrnor-Volkes aufgrund eines Übersetzungsfehlers und die amüsante Aufarbeitung in der HRRZL'schen Popkultur, die Übertragung des 3. Krukk-Krieges (in dem erstmals die beliebten Killerdrohnen zum Einsatz kamen) durch die X-tinct TV Unterhaltungsgesellschaft, die gnadenlose Abschlachtung der wehrlosen, aber sehr schmerzempfindlichen Glönns auf Skyrlon 23, die Rückeroberung der Wyron'schen Kobaltminen durch die Analga-Separatisten und deren anschließende Verfolgung und Folter – heute ebenfalls ein Klassiker der X-tinct TV Unterhaltungsgesellschaft –, das Pulverisieren von Gorma 1, 3 und 7 ohne vorherigen Ressourcenabbau aufgrund einer feuchtfröhlichen Wettsituation im Firmenvorstand … Die Liste der erwähnenswerten Erfolge ist zu lang, um sie hier in Gänze zu präsentieren.

ZKZSS – aus purer Lust an der Unterwerfung zum inzwischen dritten Mal aus dem Ruhestand an die Spitze der ZOXFR Corp. zurückgekehrt – fokussiert sich nach wie vor auf die fundamentalen Stärken des Unternehmens: gnadenlose Unterwerfung, effiziente Ausbeutung und lukrative Veräußerung. So wird er zur Freude aller Anleger dem Unternehmen auch zukünftig seinen Platz als führenden Player der renditestärksten Branche im Gilga-Cluster sichern.

DAS PROGRAMM

UNTERWERFUNG UND MEHR

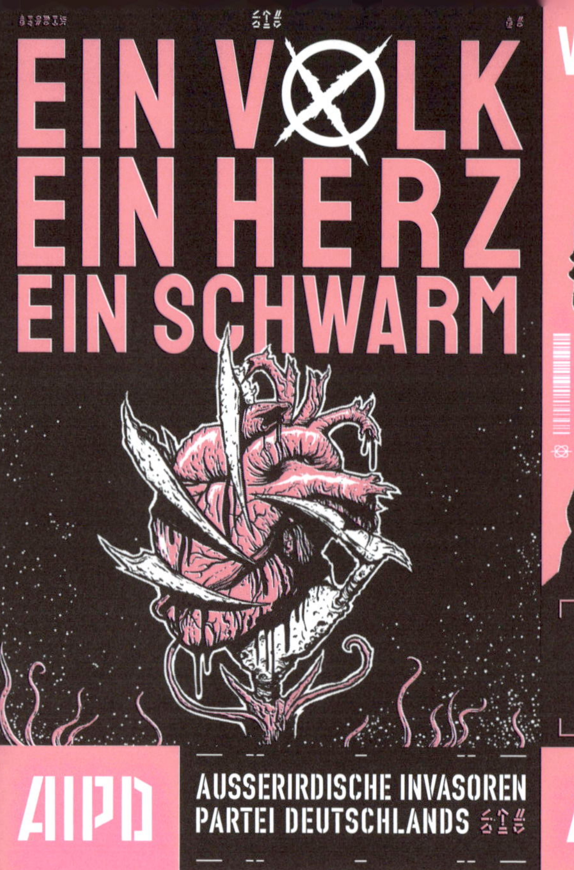
EIN VOLK
EIN HERZ
EIN SCHWARM

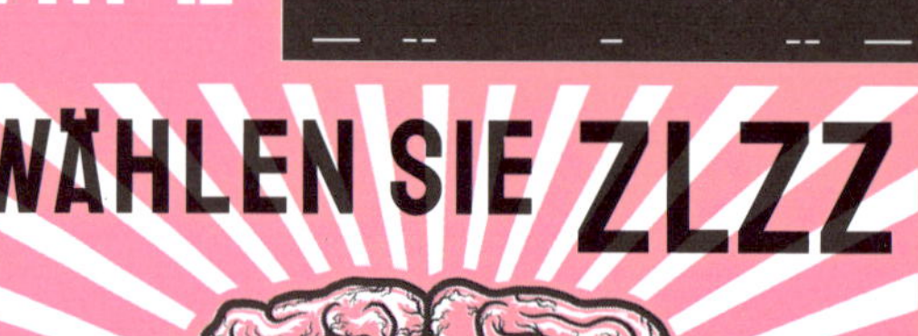
AIPD
AUSSERIRDISCHE INVASOREN
PARTEI DEUTSCHLANDS
WÄHLEN SIE ZLZZ

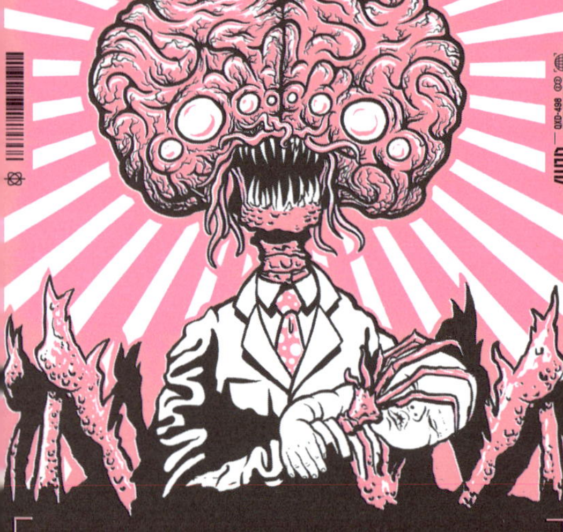
AIPD
ZLZZ LIEBT BABYS

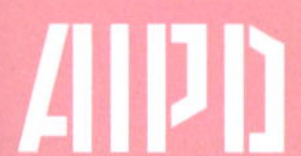
AIPD
AUSSERIRDISCHE INVASOREN
PARTEI DEUTSCHLANDS

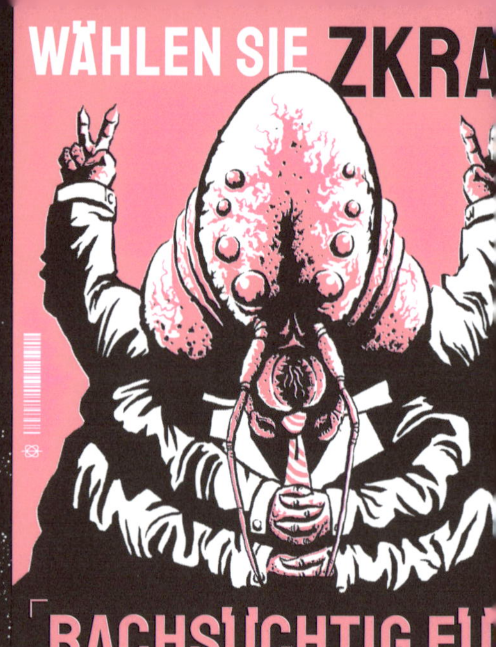
WÄHLEN SIE ZKRA
RACHSÜCHTIG FÜ
DEUTSCHLAND
AIPD
AUSSERIRDISCHE INVAS
PARTEI DEUTSCHLANDS

AUSLÖSCHUNG DUR
KILLERDROHNE
AIPD
...VERMEIDEN

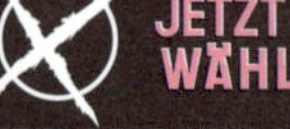
JETZT
WÄHL
AUSSERIRDISCHE INVASOREN PARTEI DEUTSCHLA

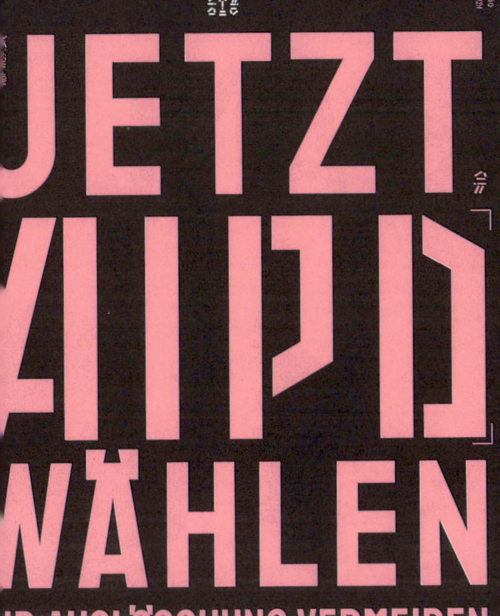

ID AUSLÖSCHUNG VERMEIDEN

FROHLOCKET, DENN DIE ZEIT DER ZWISCHENMENSCHLICHEN AUSBEUTUNG IST VORBEI. DIE MÄCHTIGE AIPD IST GEKOMMEN UM DIE MENSCHHEIT ZU UNTERJOCHEN UND DEN PLANETEN ERDE RESTLOS UND TOTAL ZU UNTERWERFEN. STOPPT DIE VERSKLAVUNG DES MENSCHEN, DURCH DEN MENSCHEN. STOPP DIE UNÜBERLEGTE ZERSTÖRUNG DES PLANETEN. STOPPT DIE VERSCHWENDUNG DER KOSTBAREN RESSOURCEN. **WÄHLT DIE MÄCHTIGE AIPD UND KNIET NIEDER.**

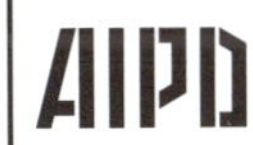

Ausserirdische Invasoren Partei Deutschlands

ZKRAG der Rachsüchtige, ZQRR der Gnadenlose, ZLZZ der Heuchler

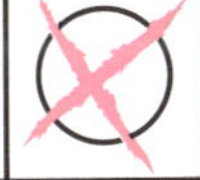

SSERIRDISCHE INVASOREN PARTEI DEUTSCHLANDS

ZØXFR CORP

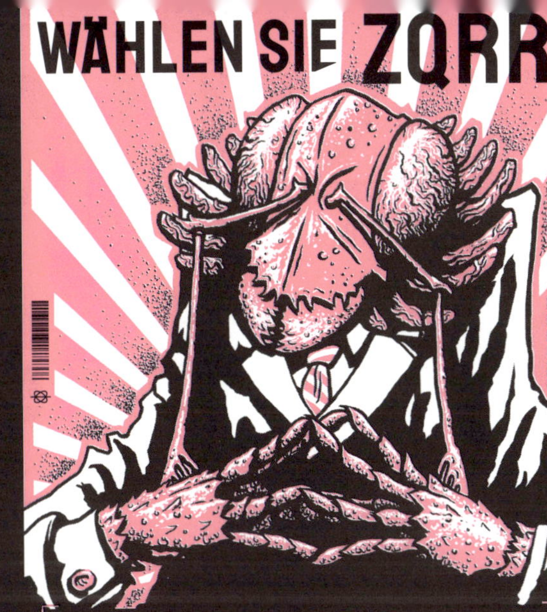

SICHERHEIT. SAUBERKEIT. SÄURERESISTENZ.

AIPD

AUSSERIRDISCHE INVASOREN PARTEI DEUTSCHLANDS

ENIGER STEUERN

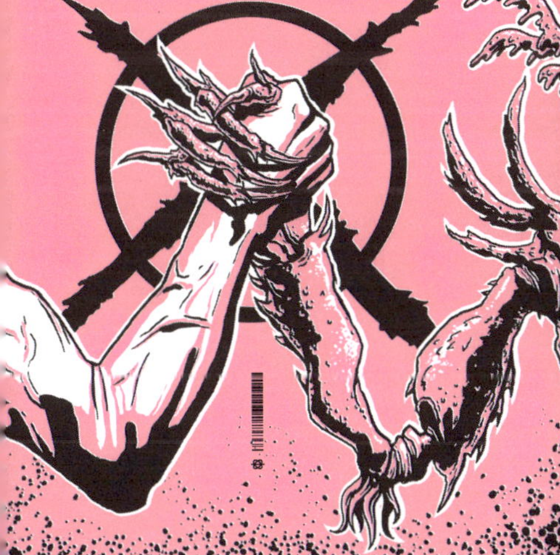

EHR KRLAXQ

AIPD

AUSSERIRDISCHE INVASOREN PARTEI DEUTSCHLANDS

WÄHLEN SIE INTELLIGENZ

3 KLUGE KÖPFE FÜR DEUTSCHLAND

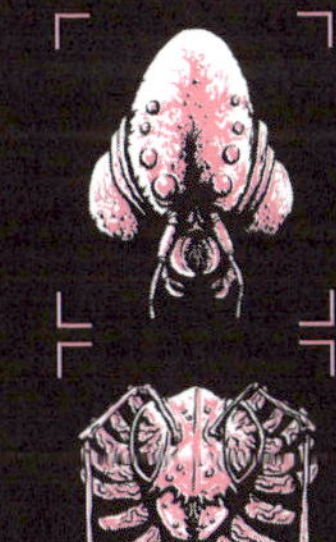

AIPD ZKRAG DER RACHSÜCHTIGE

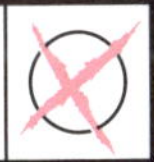

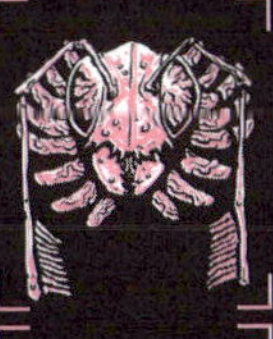

AIPD ZQRR DER GNADENLOSE

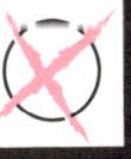

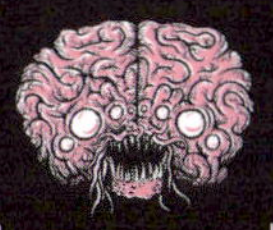

AIPD ZLZZ DER HEUCHLER

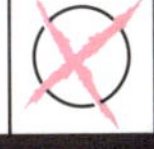

AIPD

AUSSERIRDISCHE INVASOREN PARTEI DEUTSCHLANDS

FREIHEIT DURCH UNTERWERFUNG

Mickriges Menschenvolk,
frohlocke, denn die Zeit der zwischenmenschlichen Ausbeutung ist vorbei. Die mächtige AIPD ist gekommen, um die Menschheit zu unterjochen und den Planeten Erde restlos und total zu unterwerfen.
Stoppt die Versklavung des Menschen durch den Menschen. Stoppt die unüberlegte Zerstörung des Planeten. Stoppt die Verschwendung der kostbaren Ressourcen.
Wählt die mächtige AIPD und kniet nieder.

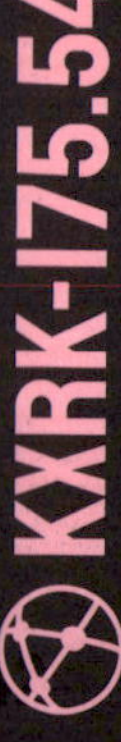
KXRK-175.540

UNSERE KERNTHEMEN

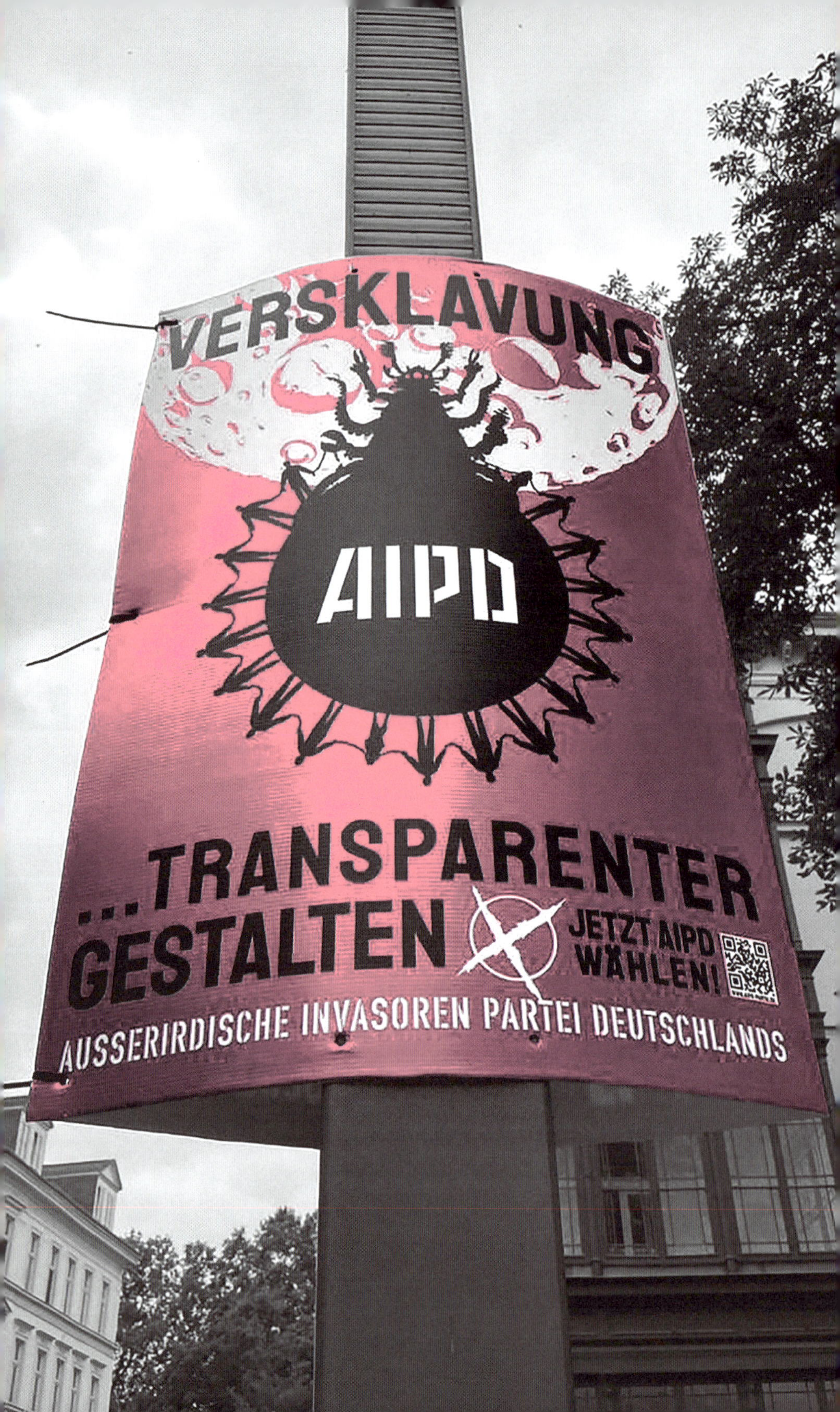
VERSKLAVUNG
AIPD
...TRANSPARENTER
GESTALTEN
JETZT AIPD
WÄHLEN!
AUSSERIRDISCHE INVASOREN PARTEI DEUTSCHLANDS

VERSKLAVUNG TRANSPARENTER GESTALTEN

Die Ausbeutung des Menschen durch den Menschen hat sich als ineffektiv, intransparent und kostenintensiv erwiesen. Lächerliche Mindestlöhne, die Auslagerung von Arbeitsprozessen in Billiglohnländer und haarsträubend komplizierte Steuersysteme sind nur einige Auswüchse, mit denen die Menschheit die Unterdrückung und Versklavung ihresgleichen zu kaschieren versucht. Schluss mit dem Unfug!
Die AIPD wird sich für die vollkommene Versklavung aller Menschen unter der Leitung der ZOXFR Corp. einsetzen.

#Transparenz #Mindestlohn #Steuern #Unfug #LückenloseVersklavung #ZOXFRCorp.

#AIPD #AusserirdischeInvasoren #AusserirdischeInvasorenParteiDeutschlands #Unterwerfung #Auslöschung #Versklavung #Ausbeutung #Ressourcenabbau #ZKRAG #ZQRR #ZLZZ #FreiheitDurchUnterwerfung #MenschheitUnterKontrolle #WähltÜberleben

#LangLebeDerSchwarm

#Wahlsieg #Bundestagswahl #Bundestag #Bundeskanzler:in #Deutschland

#GuterPlan #VielZuTun #DeutschlandAberNormal #ZKRAGPacktDasAn

RESSOURCEN AUSBEUTUNG OPTIMIEREN

Der Raubbau des Menschen an seinem Planeten kann nur als dilettantisch und unambitioniert bezeichnet werden. Die AIPD verspricht einen Komplettabbau jeglicher Ressourcen bis 2031.

#Raubbau #Komplettabbau #Dilettantisch #Unambitioniert

#AIPD #AusserirdischeInvasoren #AusserirdischeInvasorenParteiDeutschlands #Unterwerfung #Auslöschung #Versklavung #Ausbeutung #Ressourcen-abbau #ZKRAG #ZQRR #ZLZZ #FreiheitDurchUnterwerfung #Menschhei-tUnterKontrolle #WähltÜberleben

#LangLebeDerSchwarm

#Wahlsieg #Bundestagswahl #Bundestag #Bundeskanzler:in #Deutschland

#GuterPlan #VielZuTun #DeutschlandAberNormal #ZKRAGPacktDasAn

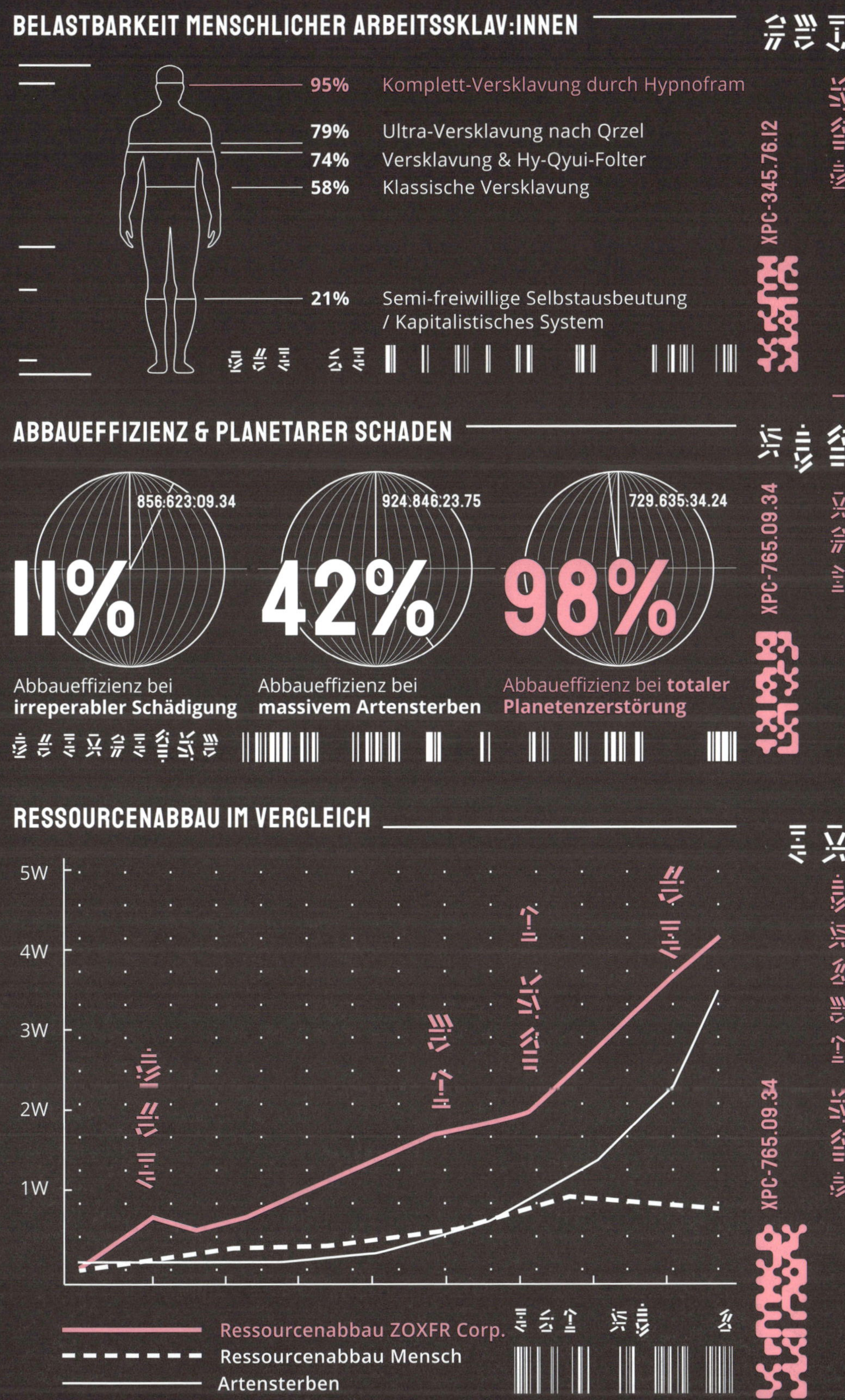
BELASTBARKEIT MENSCHLICHER ARBEITSSKLAV:INNEN
95% Komplett-Versklavung durch Hypnofram
79% Ultra-Versklavung nach Qrzel
74% Versklavung & Hy-Qyui-Folter
58% Klassische Versklavung
21% Semi-freiwillige Selbstausbeutung / Kapitalistisches System
XPC-345.76.12
ABBAUEFFIZIENZ & PLANETARER SCHADEN
856.623.09.34
11%
Abbaueffizienz bei irreperabler Schädigung
924.846.23.75
42%
Abbaueffizienz bei massivem Artensterben
729.635.34.24
98%
Abbaueffizienz bei totaler Planetenzerstörung
XPC-765.09.34
RESSOURCENABBAU IM VERGLEICH
5W
4W
3W
2W
1W
Ressourcenabbau ZOXFR Corp.
Ressourcenabbau Mensch
Artensterben
XPC-765.09.34

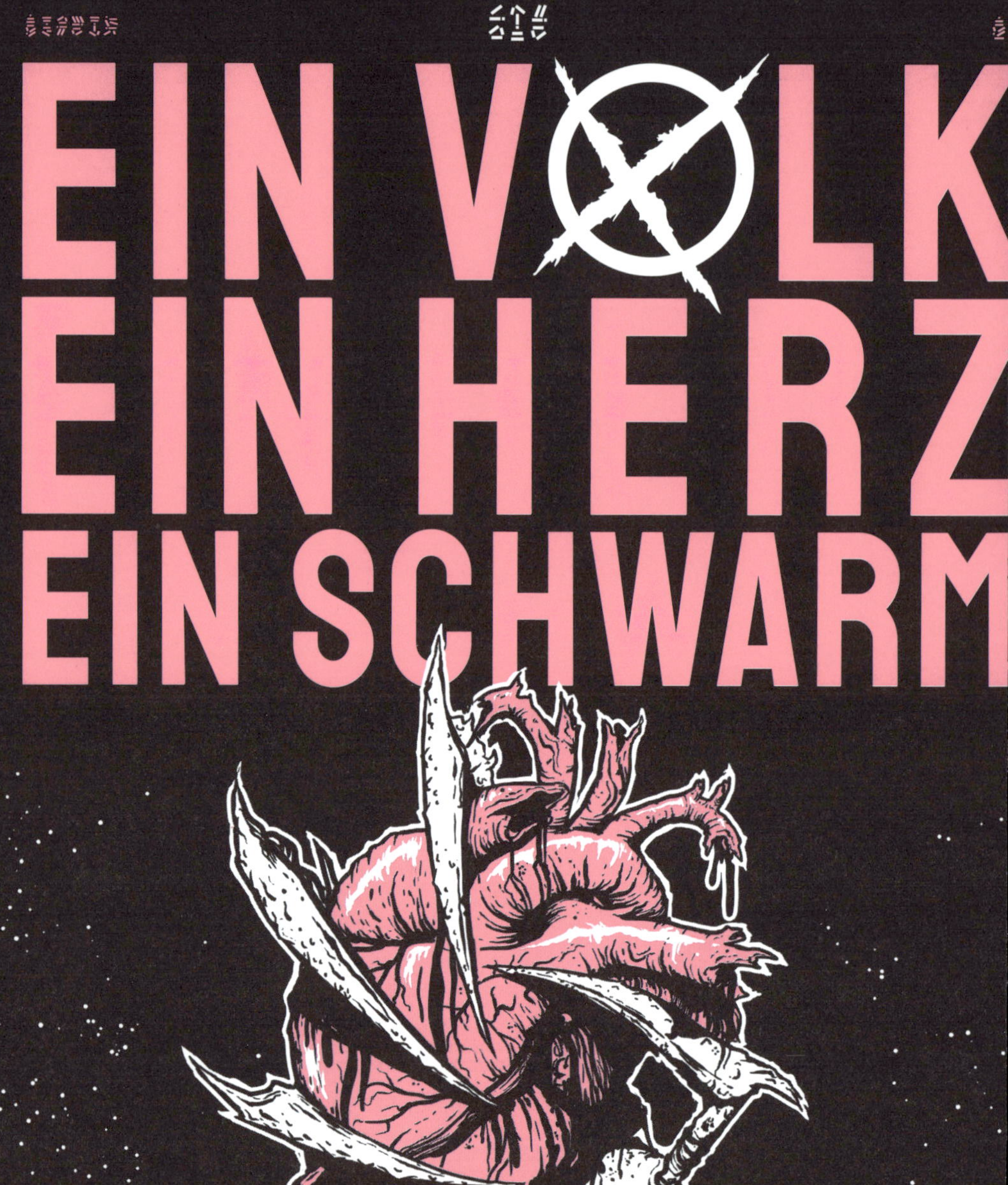

AIPD

AUSSERIRDISCHE INVASORE
PARTEI DEUTSCHLANDS

EIN VOLK
EIN HERZ
EIN SCHWARM

Auch wenn sich ein Großteil der armseligen Menschen für unwürdig halten mag, um im Schlund der Dämmerungspflanze von QLZHR geopfert zu werden – die AIPD erkennt das wahre Potenzial der Menschheit an: ob als Arbeitssklav:innen in den Kobaltminen auf Skyrlon VII, als Köder in den blutigen Schlachten auf den äußeren Ringen von Grylzglk oder als rituelle Opfergabe – die AIPD hat vielseitige Verwendungsmöglichkeiten für die Menschheit und wird sie nach sachgemäßer Unterwerfung von der (selbstverschuldeten) Auslöschung bewahren.
Wählt Überleben. Wählt AIPD. Lang lebe der Schwarm.

#EinVolkEinHerz #Volk #Herz #BlutUndBoden #Dämmerungspflanze #QLZHR #Opfer #Opfergabe

#AIPD #AusserirdischeInvasoren #AusserirdischeInvasorenParteiDeutschlands #Unterwerfung #Auslöschung #Versklavung #Ausbeutung #Ressourcenabbau #ZKRAG #ZQRR #ZLZZ #FreiheitDurchUnterwerfung #MenschheitUnterKontrolle #WähltÜberleben

#LangLebeDerSchwarm

#Wahlsieg #Bundestagswahl #Bundestag #Bundeskanzler:in #Deutschland

#GuterPlan #VielZuTun #DeutschlandAberNormal #ZKRAGPacktDasAn

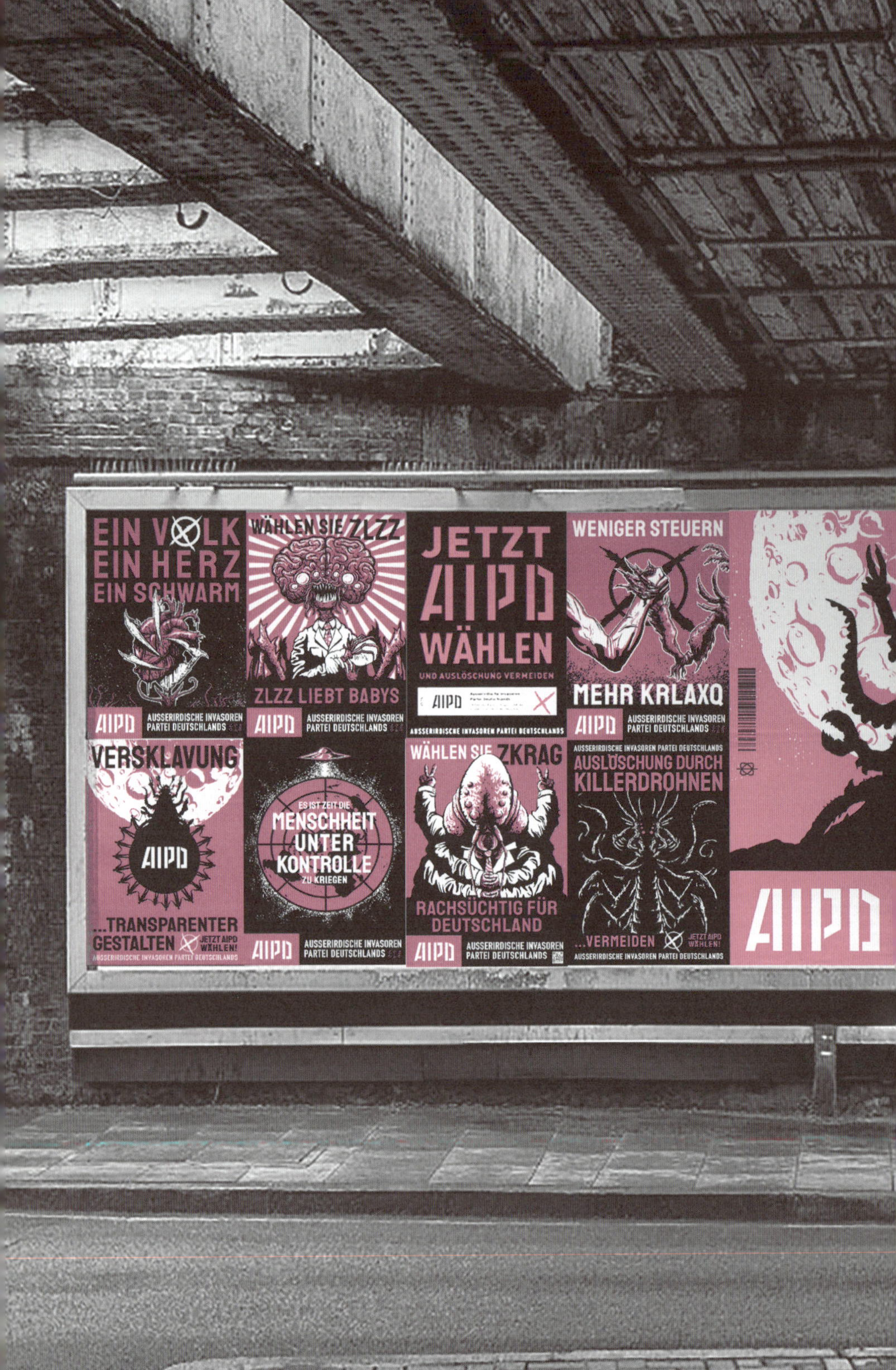
EIN VOLK
EIN HERZ
EIN SCHWARM
AIPD
AUSSERIRDISCHE INVASOREN PARTEI DEUTSCHLANDS
WÄHLEN SIE ZLZZ
ZLZZ LIEBT BABYS
AIPD
AUSSERIRDISCHE INVASOREN PARTEI DEUTSCHLANDS
JETZT
AIPD
WÄHLEN
UND AUSLÖSCHUNG VERMEIDEN
AIPD
AUSSERIRDISCHE INVASOREN PARTEI DEUTSCHLANDS
WENIGER STEUERN
MEHR KRLAXQ
AIPD
AUSSERIRDISCHE INVASOREN PARTEI DEUTSCHLANDS
VERSKLAVUNG
AIPD
...TRANSPARENTER GESTALTEN
JETZT AIPD WÄHLEN!
AUSSERIRDISCHE INVASOREN PARTEI DEUTSCHLANDS
ES IST ZEIT DIE
MENSCHHEIT
UNTER
KONTROLLE
ZU KRIEGEN
AIPD
AUSSERIRDISCHE INVASOREN PARTEI DEUTSCHLANDS
WÄHLEN SIE ZKRAG
RACHSÜCHTIG FÜR DEUTSCHLAND
AIPD
AUSSERIRDISCHE INVASOREN PARTEI DEUTSCHLANDS
AUSSERIRDISCHE INVASOREN PARTEI DEUTSCHLANDS
AUSLÖSCHUNG DURCH
KILLERDROHNEN
...VERMEIDEN
JETZT AIPD WÄHLEN!
AUSSERIRDISCHE INVASOREN PARTEI DEUTSCHLANDS
AIPD

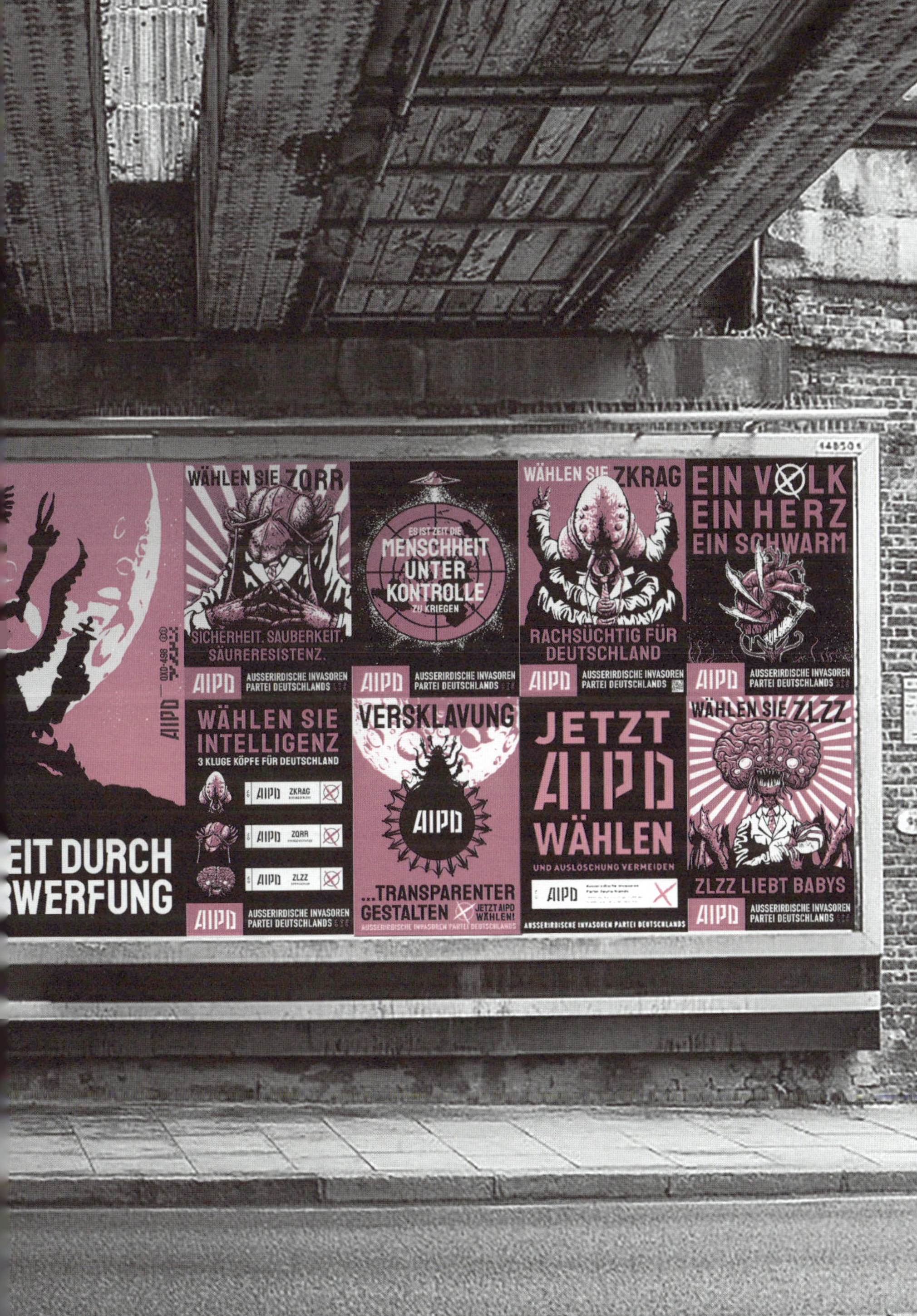

EIT DURCH
RWERFUNG
AIPD
WÄHLEN SIE ZORR
SICHERHEIT. SAUBERKEIT. SÄURERESISTENZ.
AIPD
AUSSERIRDISCHE INVASOREN PARTEI DEUTSCHLANDS
ES IST ZEIT DIE MENSCHHEIT UNTER KONTROLLE ZU KRIEGEN
AIPD
AUSSERIRDISCHE INVASOREN PARTEI DEUTSCHLANDS
WÄHLEN SIE ZKRAG
RACHSÜCHTIG FÜR DEUTSCHLAND
AIPD
AUSSERIRDISCHE INVASOREN PARTEI DEUTSCHLANDS
EIN VOLK EIN HERZ EIN SCHWARM
AIPD
AUSSERIRDISCHE INVASOREN PARTEI DEUTSCHLANDS
WÄHLEN SIE INTELLIGENZ
3 KLUGE KÖPFE FÜR DEUTSCHLAND
AIPD ZKRAG
AIPD ZORR
AIPD ZLZZ
AIPD
AUSSERIRDISCHE INVASOREN PARTEI DEUTSCHLANDS
VERSKLAVUNG
AIPD
...TRANSPARENTER GESTALTEN
JETZT AIPD WÄHLEN!
AUSSERIRDISCHE INVASOREN PARTEI DEUTSCHLANDS
JETZT AIPD WÄHLEN
UND AUSLÖSCHUNG VERMEIDEN
AIPD
AUSSERIRDISCHE INVASOREN PARTEI DEUTSCHLANDS
WÄHLEN SIE ZLZZ
ZLZZ LIEBT BABYS
AIPD
AUSSERIRDISCHE INVASOREN PARTEI DEUTSCHLANDS

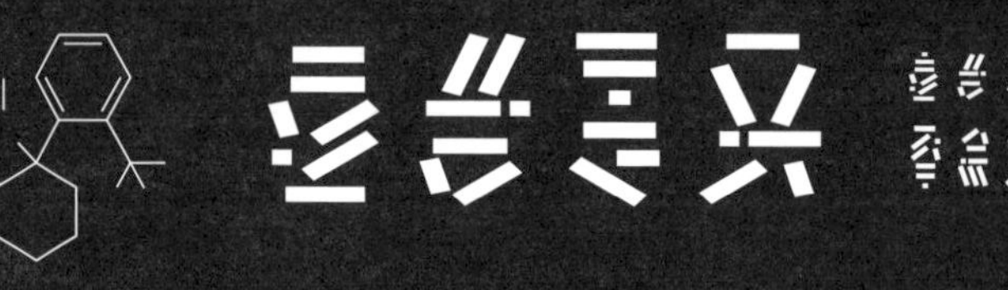
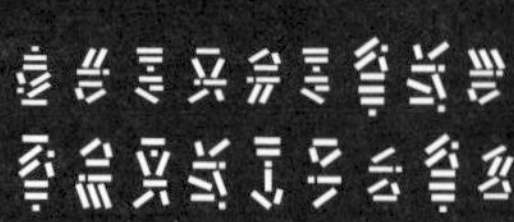
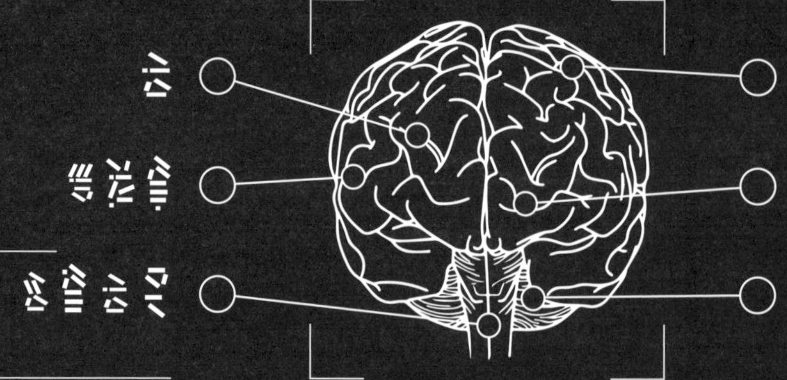
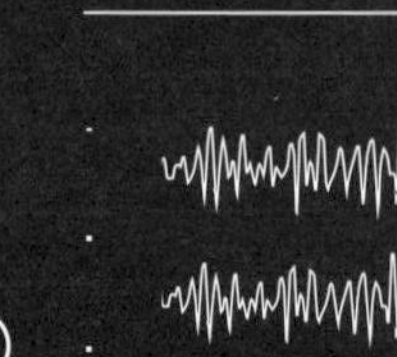

GLÜCK DURCH HYPNOFRAM

Das menschliche Gehirn eignet sich prima zur medikamentösen Manipulation. Hypnofram verschafft ein andauerndes Glücksgefühl und erhöht gleichzeitig die Belastbarkeit der menschlichen Arbeitssklav:innen. Die AIPD verspricht, die Wasserreserven der Erde mit Hypnofram anzureichern, um eine dauerhafte Versorgung zu garantieren.

#Glück #Spiritualität #Biohacking #Hypnofram

#AIPD #AusserirdischeInvasoren #AusserirdischeInvasorenParteiDeutschlands #Unterwerfung #Auslöschung #Versklavung #Ausbeutung #Ressourcenabbau #ZKRAG #ZQRR #ZLZZ #FreiheitDurchUnterwerfung #MenschheitUnterKontrolle #WähltÜberleben

#LangLebeDerSchwarm

#Wahlsieg #Bundestagswahl #Bundestag #Bundeskanzler:in #Deutschland

#GuterPlan #VielZuTun #DeutschlandAberNormal #ZKRAGPacktDasAn

WENIGER STEUERN MEHR KRLAXQ

Es gibt wenige Punkte, bei denen sich in der Galaxie alle einig sind, aber selbst die hinterweltlerischen Krukk wissen: #Steuern runter, #KRLAXQ hoch.

#KRLAXQ #KRLAXQHoch #MehrKRLAXQ #KRLAXQFürAlle #KRLAXQStattSteuern #TodDenKrukk

#AIPD #AusserirdischeInvasoren #AusserirdischeInvasorenParteiDeutschlands #Unterwerfung #Auslöschung #Versklavung #Ausbeutung #Ressourcen-abbau #ZKRAG #ZQRR #ZLZZ #FreiheitDurchUnterwerfung #Menschhei-tUnterKontrolle #WähltÜberleben

#LangLebeDerSchwarm

#Wahlsieg #Bundestagswahl #Bundestag #Bundeskanzler:in #Deutschland

#GuterPlan #VielZuTun #DeutschlandAberNormal #ZKRAGPacktDasAn

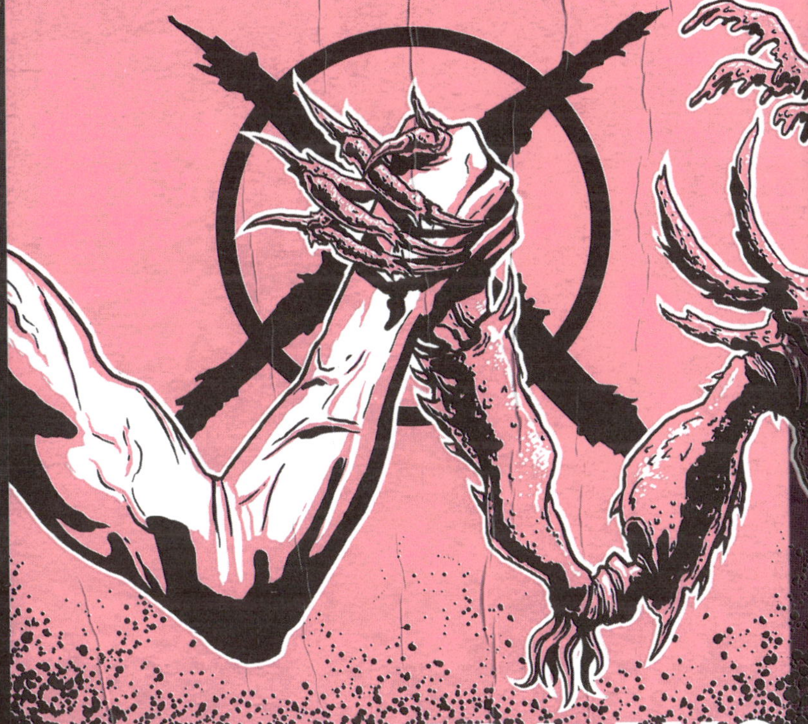
WENIGER STEUERN
MEHR KRLAXQ
AIPD
AUSSERIRDISCHE INVASOREN
PARTEI DEUTSCHLANDS

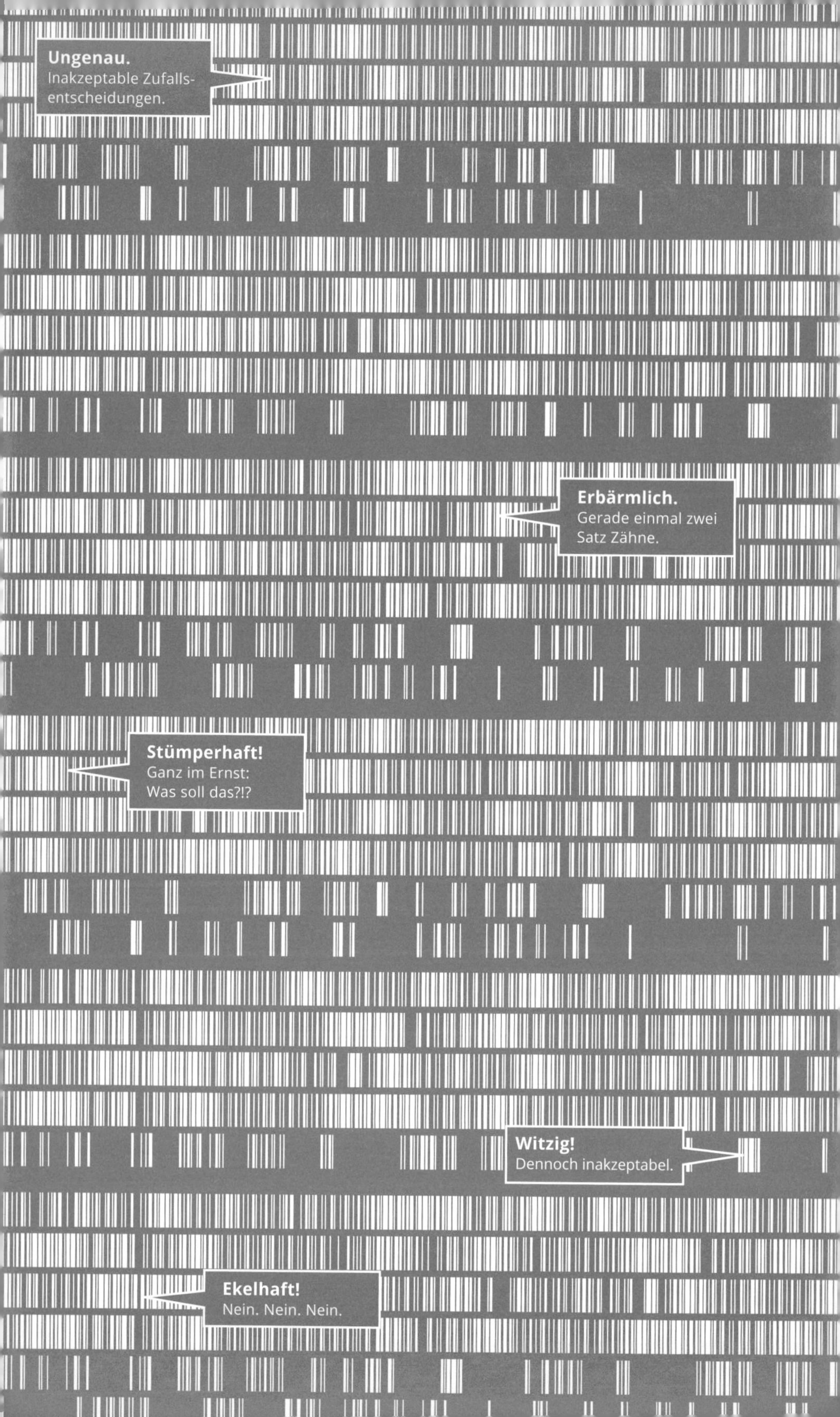
Ungenau.
Inakzeptable Zufalls-
entscheidungen.
Erbärmlich.
Gerade einmal zwei
Satz Zähne.
Stümperhaft!
Ganz im Ernst:
Was soll das?!?
Witzig!
Dennoch inakzeptabel.
Ekelhaft!
Nein. Nein. Nein.

REPRODUKTION REGULIEREN & ÜBERHOLEN

Der menschliche Fortpflanzungsprozess ist umständlich, ineffektiv und unschön anzusehen. Darüber hinaus birgt er die Gefahr willkürlicher genetischer Mutation. Die AIPD wird diesem peinlichen Treiben ein Ende setzen und genoptimierte Menschen in Zuchtzentren synthetisch reproduzieren.

#Fortpflanzung #Optimierung #Genoptimierung #Zuchtzentren

#AIPD #AusserirdischeInvasoren #AusserirdischeInvasorenParteiDeutschlands #Unterwerfung #Auslöschung #Versklavung #Ausbeutung #Ressourcenabbau #ZKRAG #ZQRR #ZLZZ #FreiheitDurchUnterwerfung #MenschheitUnterKontrolle #WähltÜberleben

#LangLebeDerSchwarm

#Wahlsieg #Bundestagswahl #Bundestag #Bundeskanzler:in #Deutschland

#GuterPlan #VielZuTun #DeutschlandAberNormal #ZKRAGPacktDasAn

AUSLÖSCHUNG DURCH KILLERDROHNEN VERMEIDEN

Auch nach etlichen medial verwerteten Unterwerfungen durch die X-Tinct TV Unterhaltungsgesellschaft sind sie immer noch der Publikumsliebling: die eigens für die AIPD in den Zuchtzentren auf Kampfstern HRRZL gesplicten Killerdrohnen. Wer einmal die Freude hatte, ihre effektive Tötungskunst in Aktion zu erleben, wird den Anblick ein Leben lang nicht mehr vergessen.

#Killerdrohnen #Gemetzel #Massaker #Tötungskunst

#AIPD #AusserirdischeInvasoren #AusserirdischeInvasorenParteiDeutschlands #Unterwerfung #Auslöschung #Versklavung #Ausbeutung #Ressourcen-abbau #ZKRAG #ZQRR #ZLZZ #FreiheitDurchUnterwerfung #Menschhei-tUnterKontrolle #WähltÜberleben

#LangLebeDerSchwarm

#Wahlsieg #Bundestagswahl #Bundestag #Bundeskanzler:in #Deutschland

#GuterPlan #VielZuTun #DeutschlandAberNormal #ZKRAGPacktDasAn

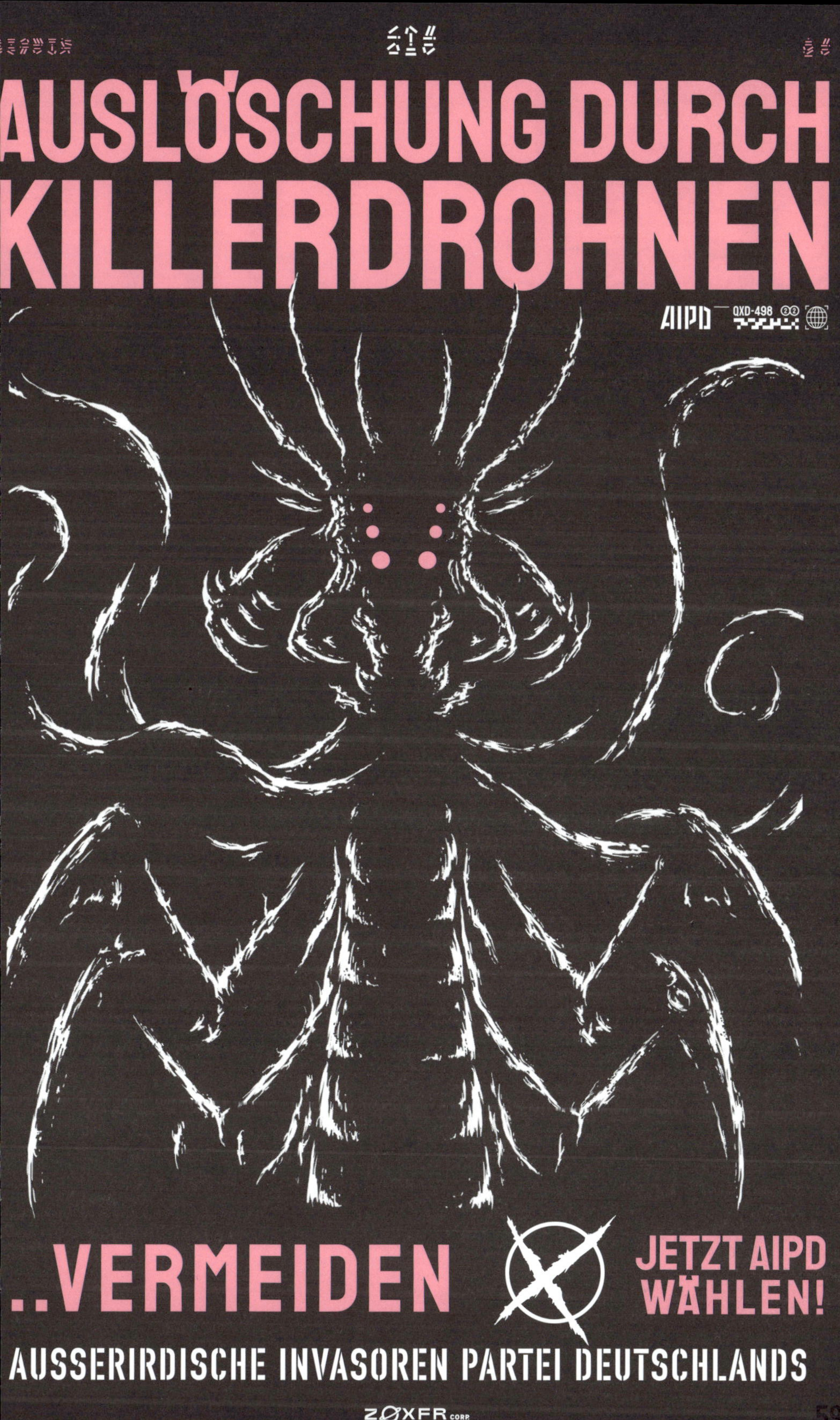

AUSLÖSCHUNG DURCH KILLERDROHNEN

AIPD QXD-498

..VERMEIDEN

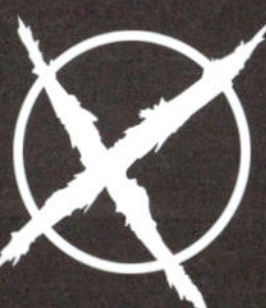

JETZT AIPD WÄHLEN!

AUSSERIRDISCHE INVASOREN PARTEI DEUTSCHLANDS

ZØXFR CORP.

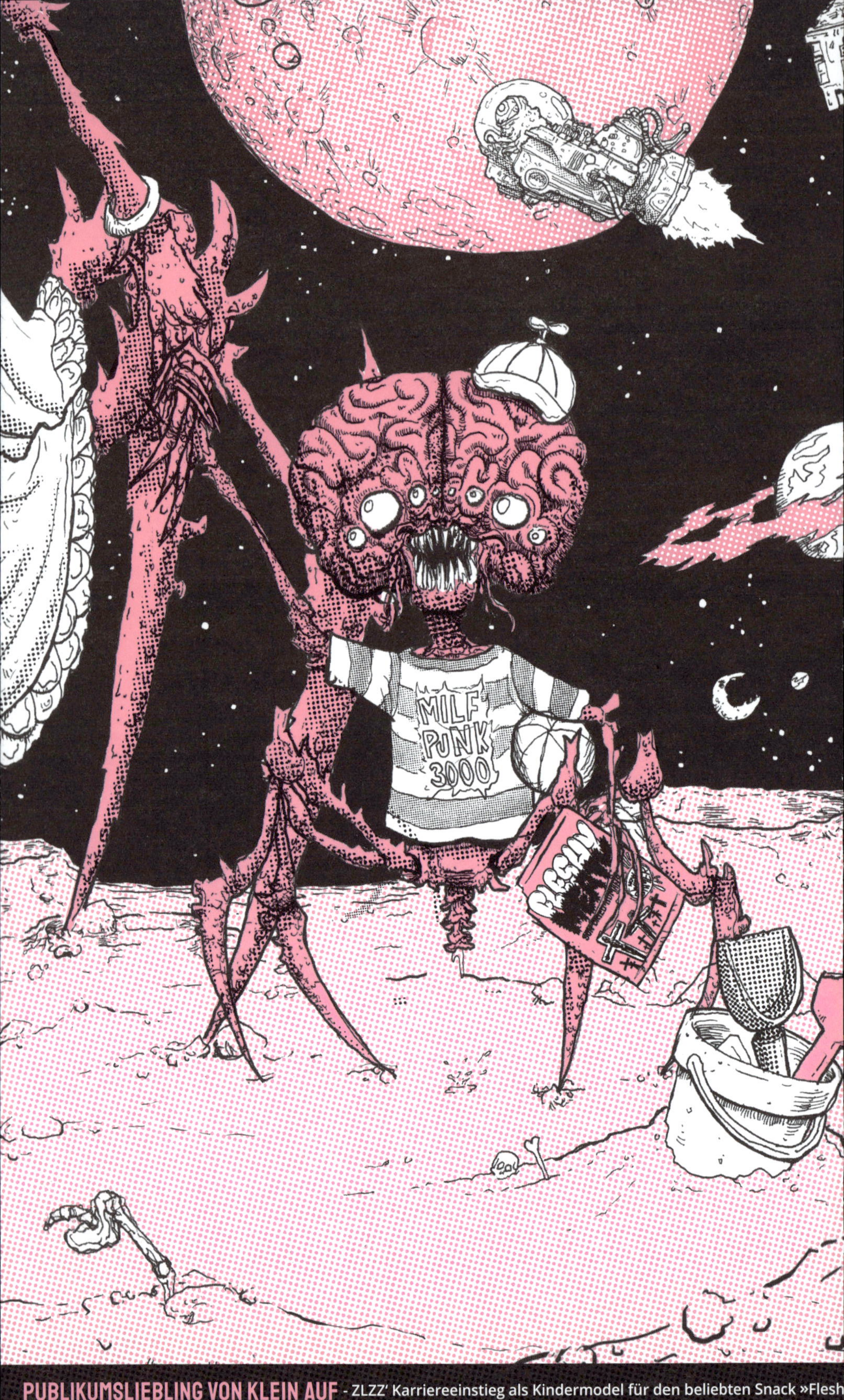

PUBLIKUMSLIEBLING VON KLEIN AUF - ZLZZ' Karriereeinstieg als Kindermodel für den beliebten Snack »Flesh

t nach wie vor zu den erfolgreichsten Werbekampagnen des letzten Garoms und gewann sieben SOYRAK-AWARDS.

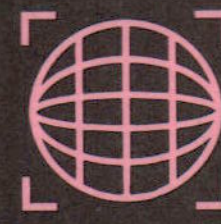

KXRK-006543452-Z

WEITERE THEMEN

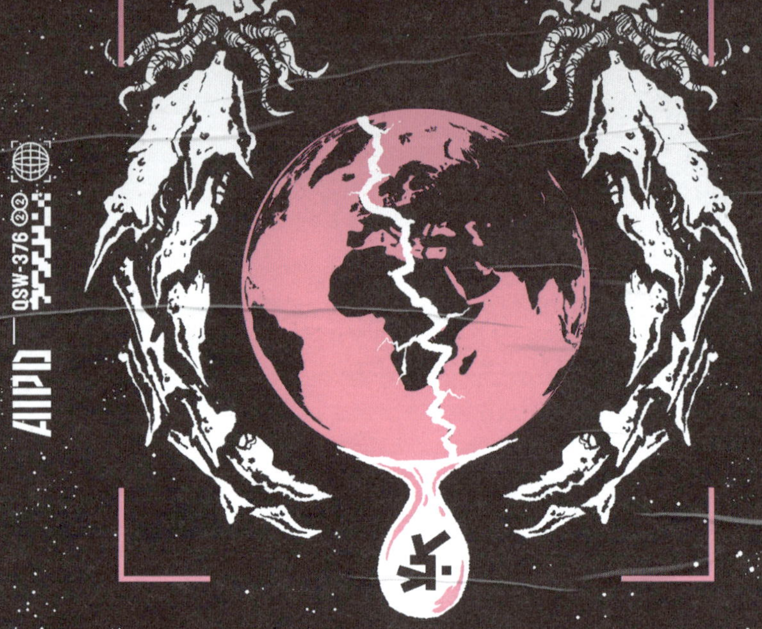
BIOSPHÄRE
STABILISIEREN
AIPD
QSW-376
RESSOURCEN
KASSIEREN
AUSSERIRDISCHE INVASOREN PARTEI DEUTSCHLANDS

BIOSPHÄRE STABILISIEREN & RESSOURCEN KASSIEREN

Sollte die Menschheit weiterhin die ausufernde und irrsinnige Sabotage an der Biosphäre ihres Planeten betreiben, sehen wir keine Möglichkeit, das Überleben der Spezies zu gewährleisten. Dies würde den Import von extraterrestrischen #Arbeitssklav:innen aus anderen Sonnensystemen erfordern und somit die Gewinnspanne der #Ressourcenausbeutung deutlich schmälern. Die AIPD erachtet dies als nicht hinnehmbar und forciert die bedingungslose Unterwerfung der Menschheit, um das Überleben der Spezies zu ermöglichen, den totalen #Ressourcenabbau bis 2031 unter der kompetenten Leitung der ZOXFR Corp. zu realisieren und die Erwirtschaftung der maximalen Renditen zu garantieren.

#Biosphäre #Sabotage #Überleben
#Ressourcenabbau #Ressourcenabbau2031

#AIPD #AusserirdischeInvasoren #AusserirdischeInvasorenParteiDeutschlands #Unterwerfung #Auslöschung #Versklavung #Ausbeutung #Ressourcenabbau #ZKRAG #ZQRR #ZLZZ #FreiheitDurchUnterwerfung #MenschheitUnterKontrolle #WähltÜberleben

#LangLebeDerSchwarm

#Wahlsieg #Bundestagswahl #Bundestag #Bundeskanzler:in #Deutschland

#GuterPlan #VielZuTun #DeutschlandAberNormal #ZKRAGPacktDasAn

NEIN ZUR IMPFPFLICHT

Die freiwillige und bewusste Ablehnung von lebensrettenden Impfstoffen stellt in den Augen der AIPD eindeutig ein Ausschlusskriterium für menschliche Arbeitssklav:innen dar. Mit Freude wird die Parteiführung dabei zusehen, wie die Reihen der Idiot:innen durch die natürliche Auslese dezimiert werden.
Auch Sklav:innen müssen qualitative Mindeststandards erfüllen. Wer die Immunisierung gegen tödliche Krankheiten ablehnt, ist für die Arbeit in den Siliciumminen auf Girmo 7 nicht geeignet und kann als entbehrlich betrachtet werden.

#Impfpflicht #Sklavenqualität #Auslese #NatürlicheAuslese

#AIPD #AusserirdischeInvasoren #AusserirdischeInvasorenParteiDeutschlands #Unterwerfung #Auslöschung #Versklavung #Ausbeutung #Ressourcenabbau #ZKRAG #ZQRR #ZLZZ #FreiheitDurchUnterwerfung #MenschheitUnterKontrolle #WähltÜberleben

#LangLebeDerSchwarm

#Wahlsieg #Bundestagswahl #Bundestag #Bundeskanzler:in #Deutschland

#GuterPlan #VielZuTun #DeutschlandAberNormal #ZKRAGPacktDasAn

NEIN!

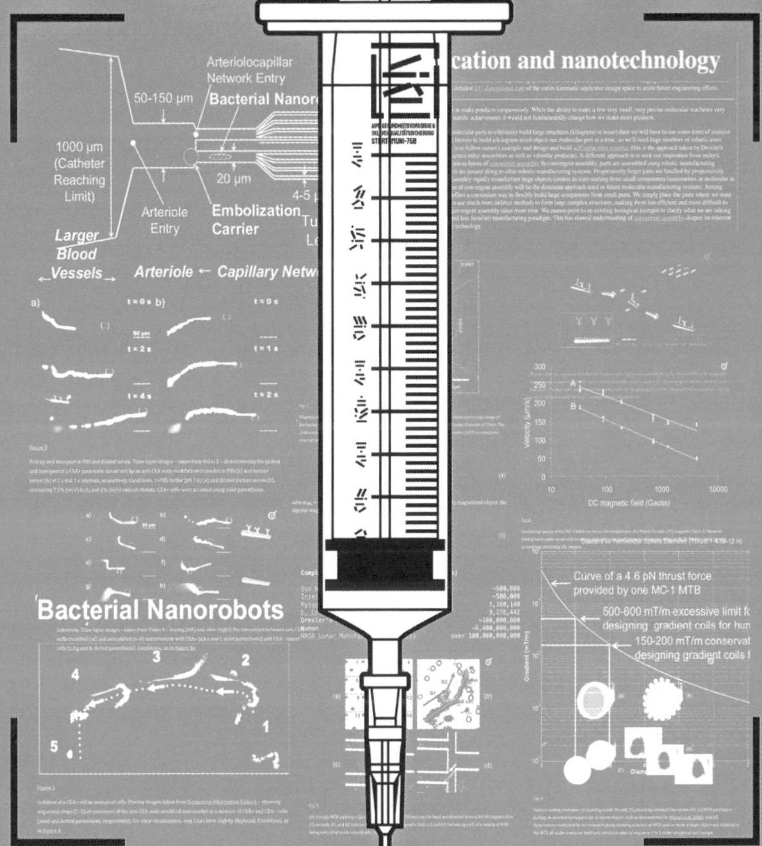

ZUR

IMPFPFLICHT

USSERIRDISCHE INVASOREN PARTEI DEUTSCHLANDS

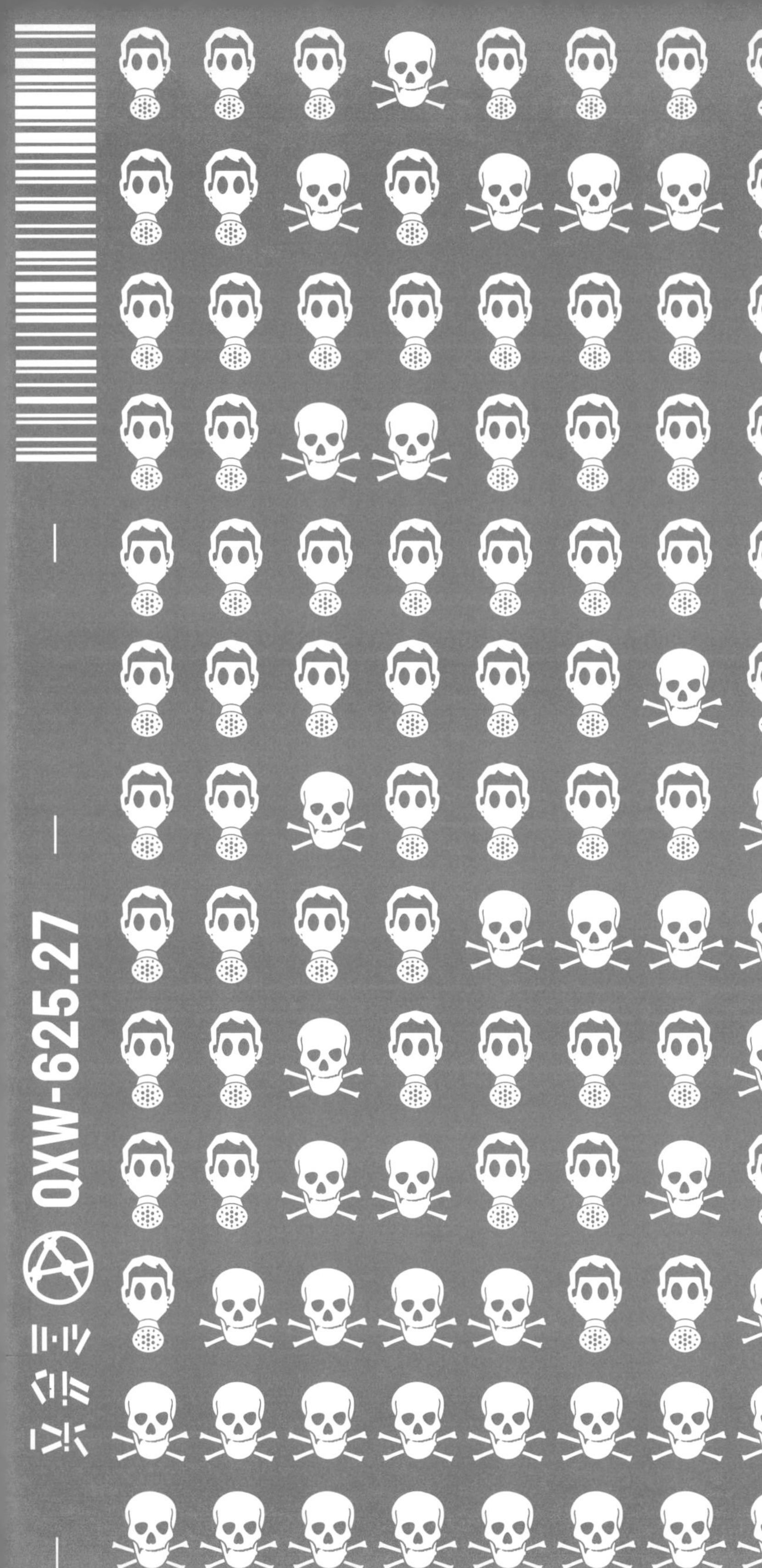
QXW-625.27

MASKEN FÜR ALLE

MENSCHLICHE ARBEITSSKLAV:INNEN IN DEN KOBALTMINEN AUF SKYRLON IV

Ob als Infektionsschutz oder gegen das Eindringen von Feinstaub und Umweltgiften – die AIPD wird allen Menschen qualitativ hochwertige und modische Schutzmasken kostenfrei zur Verfügung stellen.

Das menschliche Atmungsorgan ist äußerst anfällig und verfügt nur über ungenügende Filtersysteme. Um die Arbeitsleistung der menschlichen Sklav:innen zu optimieren, ist eine umfassende Ausstattung mit geeigneten Atemschutzmasken unabdingbar. Das Tragen der Masken wird die AIPD auf freiwilliger Basis verordnen, um somit ungeeignete Humanressourcen der natürlichen Auslese zu überlassen (siehe Impfpflicht).

#Masken #Schutzmasken #Feinstaub #Umweltgifte #Humanressourcen #Auslese #NaturlicheAuslese

#AIPD #AusserirdischeInvasoren #AusserirdischeInvasorenParteiDeutschlands #Unterwerfung #Auslöschung #Versklavung #Ausbeutung #Ressourcenabbau #ZKRAG #ZQRR #ZLZZ #FreiheitDurchUnterwerfung #MenschheitUnterKontrolle #WähltÜberleben

#LangLebeDerSchwarm

#Wahlsieg #Bundestagswahl #Bundestag #Bundeskanzler:in #Deutschland

#GuterPlan #VielZuTun #DeutschlandAberNormal #ZKRAGPacktDasAn

KLIMA SCHÜTZEN

WEIL MENSCHLICHE ARBEITSSKLAV:INNEN OHNE O^2 NIX NÜTZEN

Die AIPD wird sich radikal für eine von Menschen weiterhin bewohnbare Erde einsetzen. Die Menschen haben sich leider als unfähig erwiesen, die Organisation ihrer Spezies zu übernehmen und steuern mit Höchstgeschwindigkeit auf die selbstverschuldete #Auslöschung ihrer Art durch die rapide Zerstörung der Biosphäre des Planeten zu. Da dies den Import von Arbeitssklav:innen anderer Planeten und somit erhebliche Mehrkosten bei der #Ressourcenausbeutung der Erde mit sich bringen würde, ist die AIPD nicht gewillt, dies zuzulassen.

#Klima #Klimaschutz #Klimawandel #Biosphäre

#AIPD #AusserirdischeInvasoren #AusserirdischeInvasorenParteiDeutschlands #Unterwerfung #Auslöschung #Versklavung #Ausbeutung #Ressourcenabbau #ZKRAG #ZQRR #ZLZZ #FreiheitDurchUnterwerfung #MenschheitUnterKontrolle #WähltÜberleben

#LangLebeDerSchwarm

#Wahlsieg #Bundestagswahl #Bundestag #Bundeskanzler:in #Deutschland

#GuterPlan #VielZuTun #DeutschlandAberNormal #ZKRAGPacktDasAn

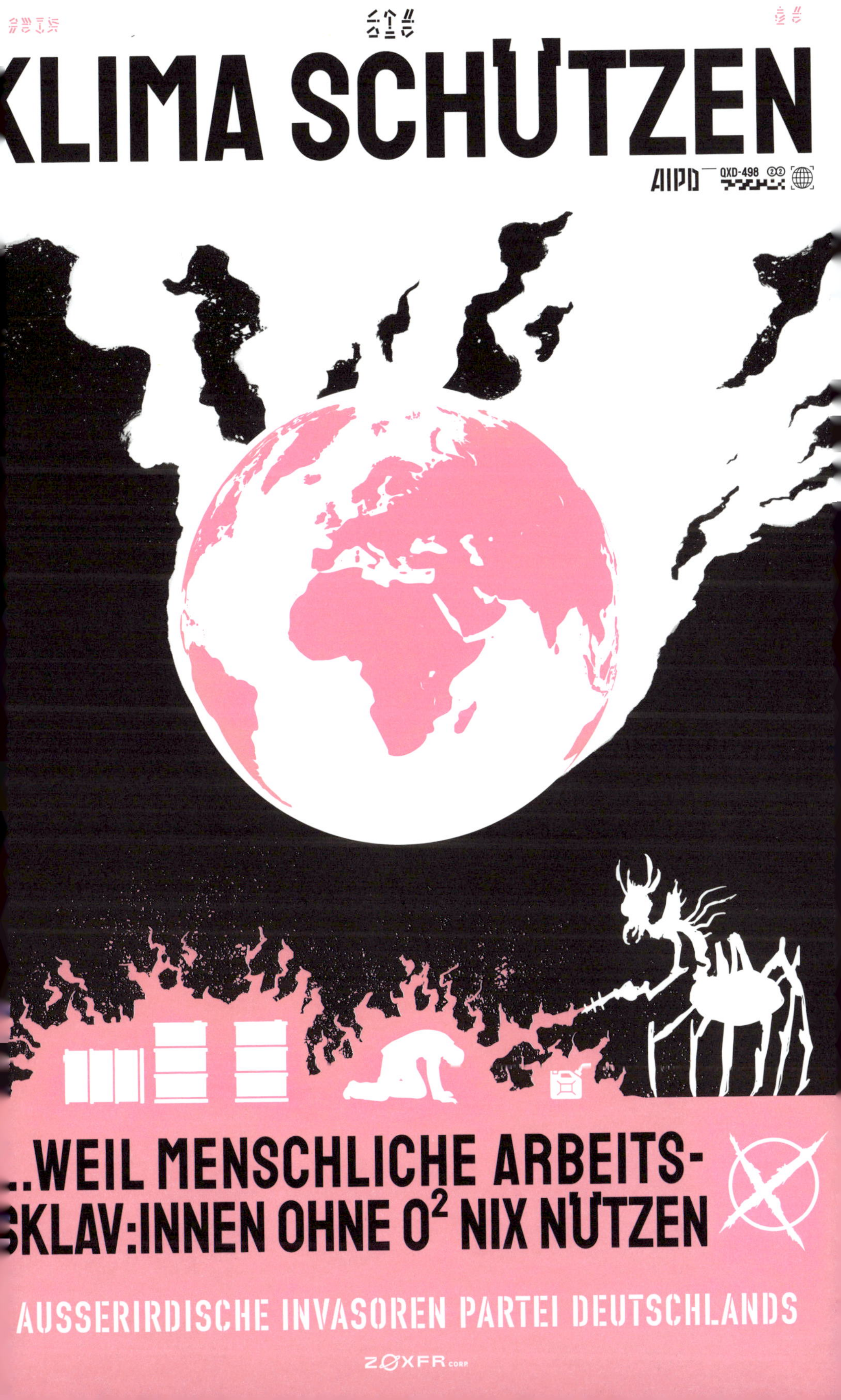

KLIMA SCHÜTZEN

AIPD QXD-498

..WEIL MENSCHLICHE ARBEITS-SKLAV:INNEN OHNE O² NIX NÜTZEN

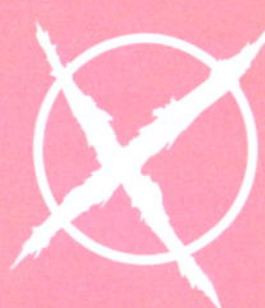

AUSSERIRDISCHE INVASOREN PARTEI DEUTSCHLANDS

ZØXFR CORP

STIMMZETTEL

Für die Unterwerfung der Menschheit duch die **Ausserirdische Invasoren Partei Deutschlands**

QUALEN STATT WAHLEN

LEID IST UNAUSWEICHLICH. IHRE ENTSCHEIDUNG IST IRRELEVANT.

Die AIPD wird Ihrer Entscheidung keine Bedeutung beimessen.
Dies dient lediglich dazu, Ihre Widerstandsfähigkeit durch gewohnt anmutende Routinen zu mindern.
Machen Sie so viele Kreuzchen wie Sie wollen. Es ist bedeutungslos.

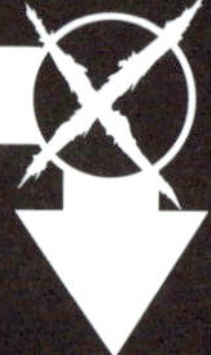

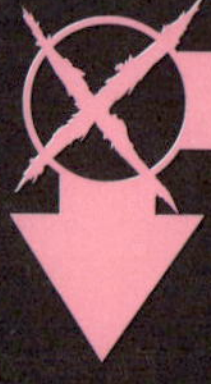

1	**QUALEN** Versklavung und Erniedrigung	◯
2	**QUALEN** Versklavung	◯
3	**QUALEN** Versklavung und Export	◯
4	**QUALEN** Versklavung und Tötung	◯
5	**QUALEN** Folter und Versklavung	◯
6	**QUALEN** Versklavung nach gen. Optimierung	◯
7	**QUALEN** Versklavung und Versklavung	◯
8	**QUALEN** Versklavung und falsches Lob	◯

◯	**QUALEN** Tötung nach Versklavung	1
◯	**QUALEN** Tötung	2
◯	**QUALEN** Tötung nach Folter	3
◯	**QUALEN** Tötung durch Folter	4
◯	**QUALEN** Tötung duch Versklavung	5
◯	**QUALEN** Tötung durch Zufall	6
◯	**QUALEN** Unsterblichkeit und Folter	7
◯	**QUALEN** Ultratötung 3000	8

QUALEN STATT WAHLEN

Die AIPD ist nicht nur die einzige Partei, die das masochistische Bedürfnis der Menschheit nach Unterdrückung und Ausbeutung anerkennt, sondern sie kann auch als einzige Partei mit einer beeindruckenden Expertise von aktuell 683 unterjochten Welten aufwarten und beherbergt außerdem die fortschrittlichsten Folterspezialisten im gesamten Gilga-Cluster. Befreit den Menschen von der schweren Verantwortung, sein eigener Herr zu sein. Auf das diese Wahl die Letzte sein wird.

#Qualen #Masochismus #Expertise #Folter #Befreiung

#AIPD #AusserirdischeInvasoren #AusserirdischeInvasorenParteiDeutschlands #Unterwerfung #Auslöschung #Versklavung #Ausbeutung #Ressourcenabbau #ZKRAG #ZQRR #ZLZZ #FreiheitDurchUnterwerfung #MenschheitUnterKontrolle #WähltÜberleben

#LangLebeDerSchwarm

#Wahlsieg #Bundestagswahl #Bundestag #Bundeskanzler:in #Deutschland

#GuterPlan #VielZuTun #DeutschlandAberNormal #ZKRAGPacktDasAn

RESPEKT FÜR RENTNER:INNEN

UND EINEN WÜRDIGEN TOD IM SCHLUND DER DÄMMERUNGSPFLANZE VON QLZHR

Der Umgang mit Menschen gehobenen Alters in Deutschland ist beschämend. Weder wird ihnen die Ehre zuteil, als lebende Schutzschilde in Kriegen fallen zu dürfen, noch gibt man ihnen Gelegenheit, in rituellen Opferungen ein spirituell bedeutungsvolles Ende zu finden. Im Gegenteil! Eine perfide Mischung aus lebensverlängernden Maßnahmen, sozialer Isolation und Vereinsamung scheint darauf ausgelegt zu sein, den Alten ein möglichst klägliches wie trauriges Ende aufzuzwingen. Der Hass des Menschen auf den Menschen kennt offenbar keine Grenzen.

Die AIPD wird dieser verabscheuungswürdigen Praxis ein Ende setzen und allen Senior:innen eine Vielzahl von bedeutungsvollen Sterbemöglichkeiten zur Auswahl stellen. Die rituelle Opferung im Schlund der Dämmerungspflanze von QLZHR ist nur eine von vielen ehrenhaften Todesarten, die die AIPD für die Menschheit bereithält.

#Tod #Alter #Rente #Rentner:innen #Unwürdig #Isolation #Vereinsamung #Sterbemöglichkeiten

#AIPD #AusserirdischeInvasoren #AusserirdischeInvasorenParteiDeutschlands #Unterwerfung #Auslöschung #Versklavung #Ausbeutung #Ressourcenabbau #ZKRAG #ZQRR #ZLZZ #FreiheitDurchUnterwerfung #MenschheitUnterKontrolle #WähltÜberleben

#LangLebeDerSchwarm

#Wahlsieg #Bundestagswahl #Bundestag #Bundeskanzler:in #Deutschland

#GuterPlan #VielZuTun #DeutschlandAberNormal #ZKRAGPacktDasAn

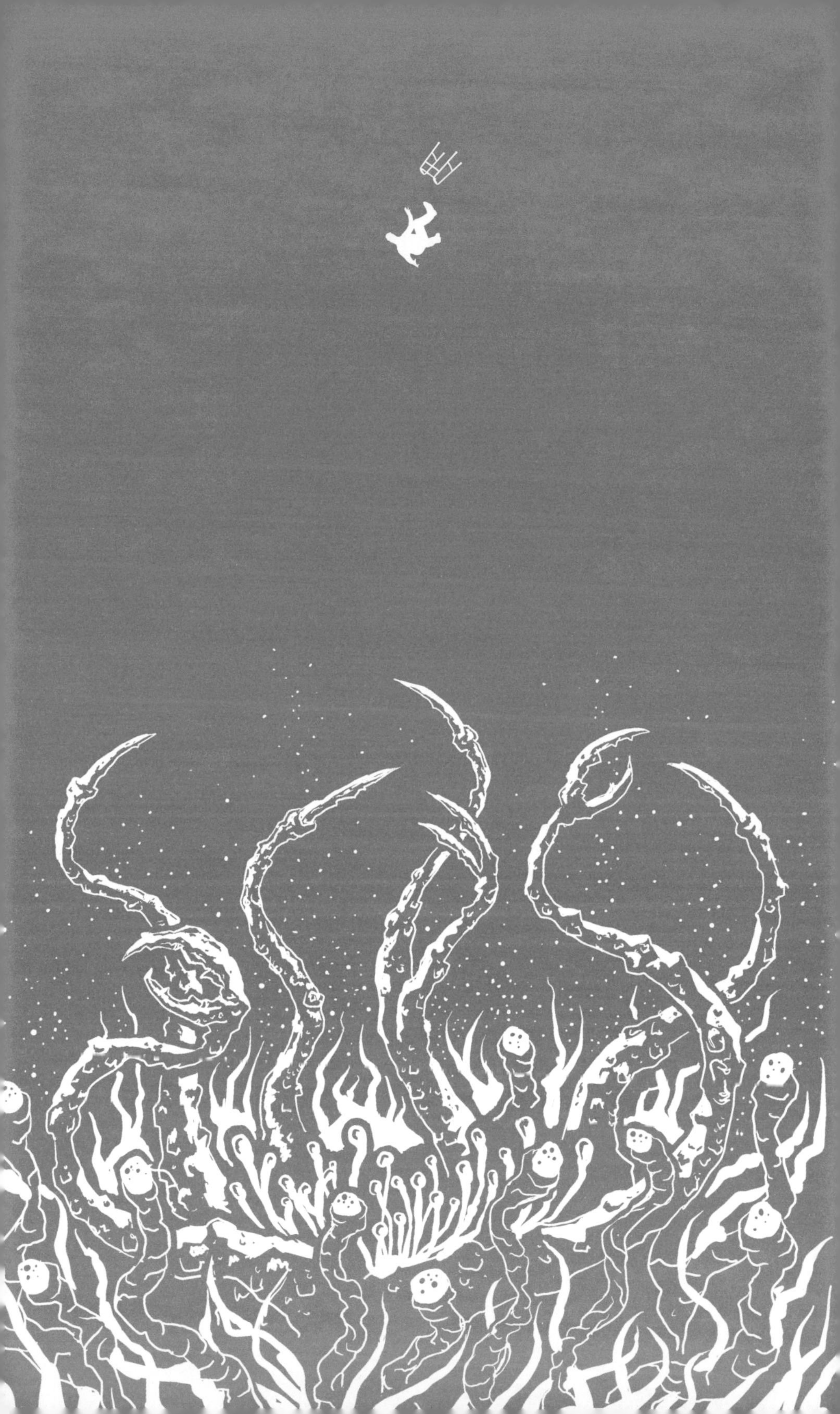

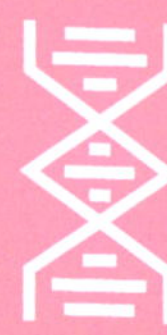
SPLICER
GENETICS DONE RIGHT
SUBJECT XPF-345.859286.542.409F3403

MATING STATT DATING

Der menschliche Paarungsprozess wird von einem komplizierten, unnötig langen und oft aussichtslosen Balzverhalten begleitet. Unzählige Applikationen belegen die Ineffizienz der Spezies.

Da die niedere Art »Mensch« nicht dazu in der Lage ist, selbst befruchtete Eierkapseln in den Schlund der Dämmerungspflanze von QLZHR zu legen, präsentiert die AIPD die technologisch überlegenen Geburtsregulationsreproduktionskammern (kurz GRRKN)!

Hierin wird das notwendige genetische Material dank des Einsatzes unseres beliebten Hypnoframs in Sekundenschnelle und nahezu schmerzfrei extrahiert, um qualitativ einwandfreie Nachkommen zu produzieren.

Auch brauchen sich frisch gesplicte Eltern keine Sorgen um die Zukunft ihrer Sprösslinge zu machen. Ihre frisch gezüchteten Nachkommen sind für die sich ständig ändernden Anforderungen der Arbeitswelt ideal konzipiert. Egal ob zusätzliche Arme für eine Karriere in den Minen oder Kiemen für ein sorgenfreies Leben in den vollverglasten Ausstellungstanks auf Kylium 3 – dank modernster Technologie wird die genetische Beschränktheit der menschlichen Spezies bald überwunden sein.

Also nicht nach rechts wischen, sondern ein Kreuz bei der AIPD setzen!

#Paarung #Balz #Mating #Dating #Tinder #Grinder #Bumble #GRRKN

#AIPD #AusserirdischeInvasoren #AusserirdischeInvasorenParteiDeutschlands #Unterwerfung #Auslöschung #Versklavung #Ausbeutung #Ressourcenabbau #ZKRAG #ZQRR #ZLZZ #FreiheitDurchUnterwerfung #MenschheitUnterKontrolle #WähltÜberleben

#LangLebeDerSchwarm

#Wahlsieg #Bundestagswahl #Bundestag #Bundeskanzler:in #Deutschland

#GuterPlan #VielZuTun #DeutschlandAberNormal #ZKRAGPacktDasAn

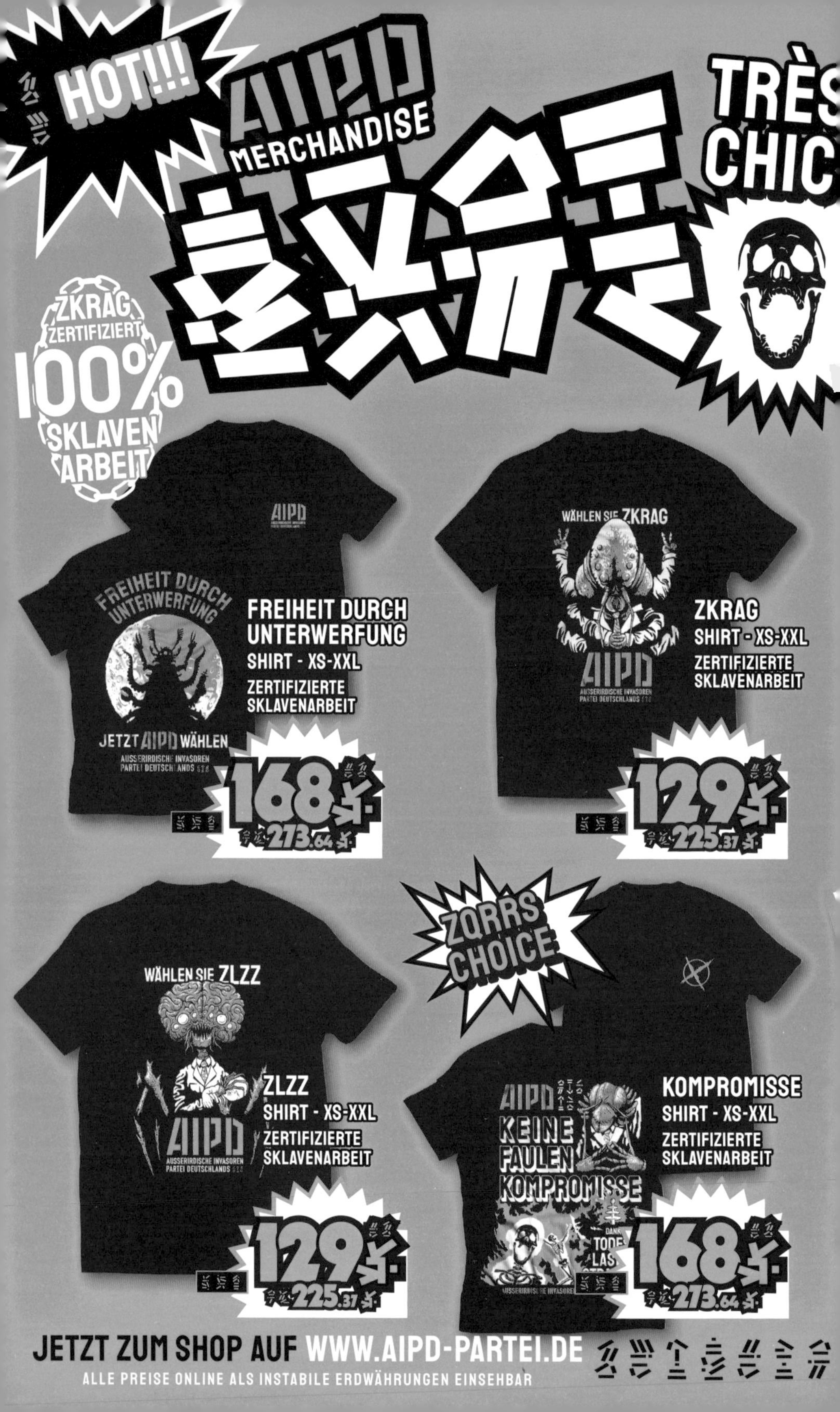

HOT!!!

AIPD MERCHANDISE

TRÈS CHIC

ZKRAG ZERTIFIZIERT 100% SKLAVENARBEIT

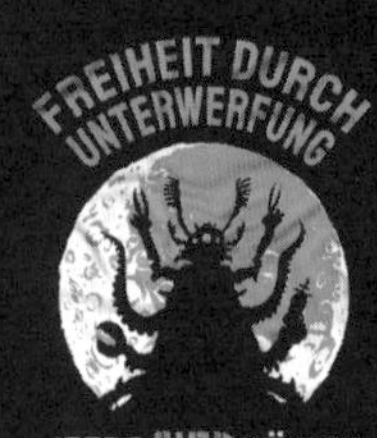

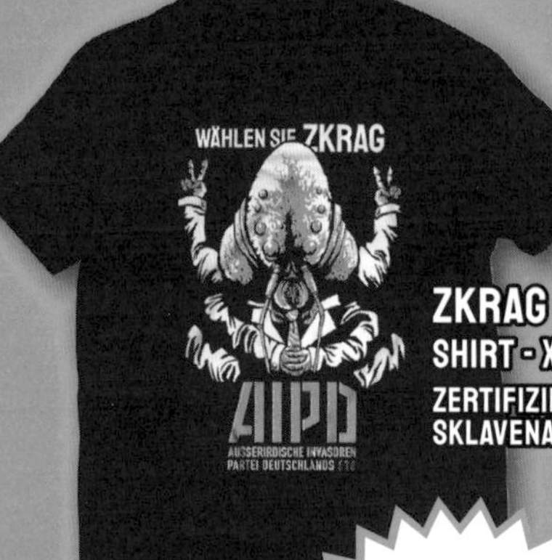

FREIHEIT DURCH UNTERWERFUNG
SHIRT - XS-XXL
ZERTIFIZIERTE SKLAVENARBEIT

168
273.64

ZKRAG
SHIRT - XS-XXL
ZERTIFIZIERTE SKLAVENARBEIT

129
225.37

ZQRRS CHOICE

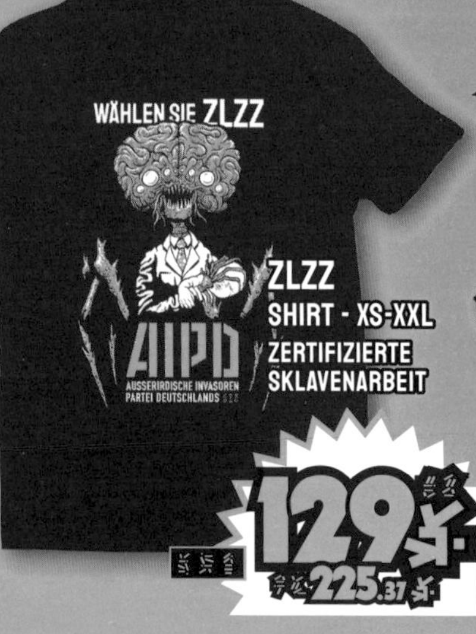

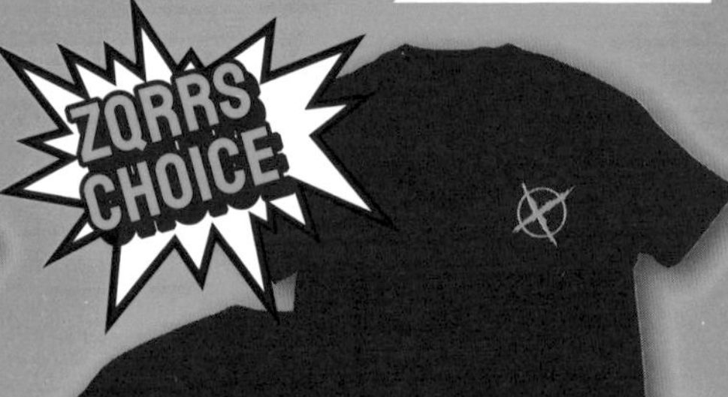

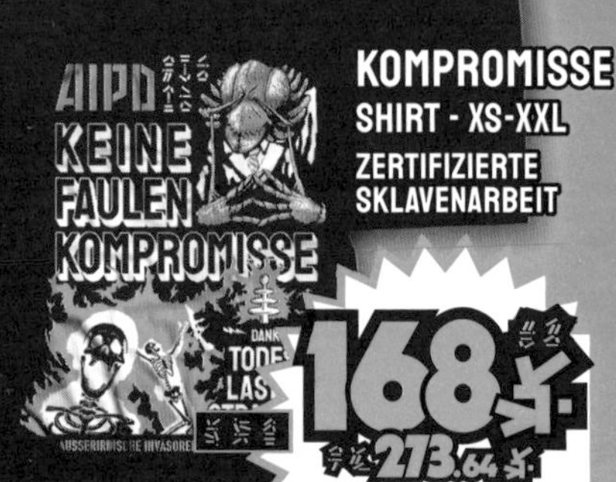

ZLZZ
SHIRT - XS-XXL
ZERTIFIZIERTE SKLAVENARBEIT

129
225.37

KOMPROMISSE
SHIRT - XS-XXL
ZERTIFIZIERTE SKLAVENARBEIT

168
273.64

JETZT ZUM SHOP AUF WWW.AIPD-PARTEI.DE

ALLE PREISE ONLINE ALS INSTABILE ERDWÄHRUNGEN EINSEHBAR

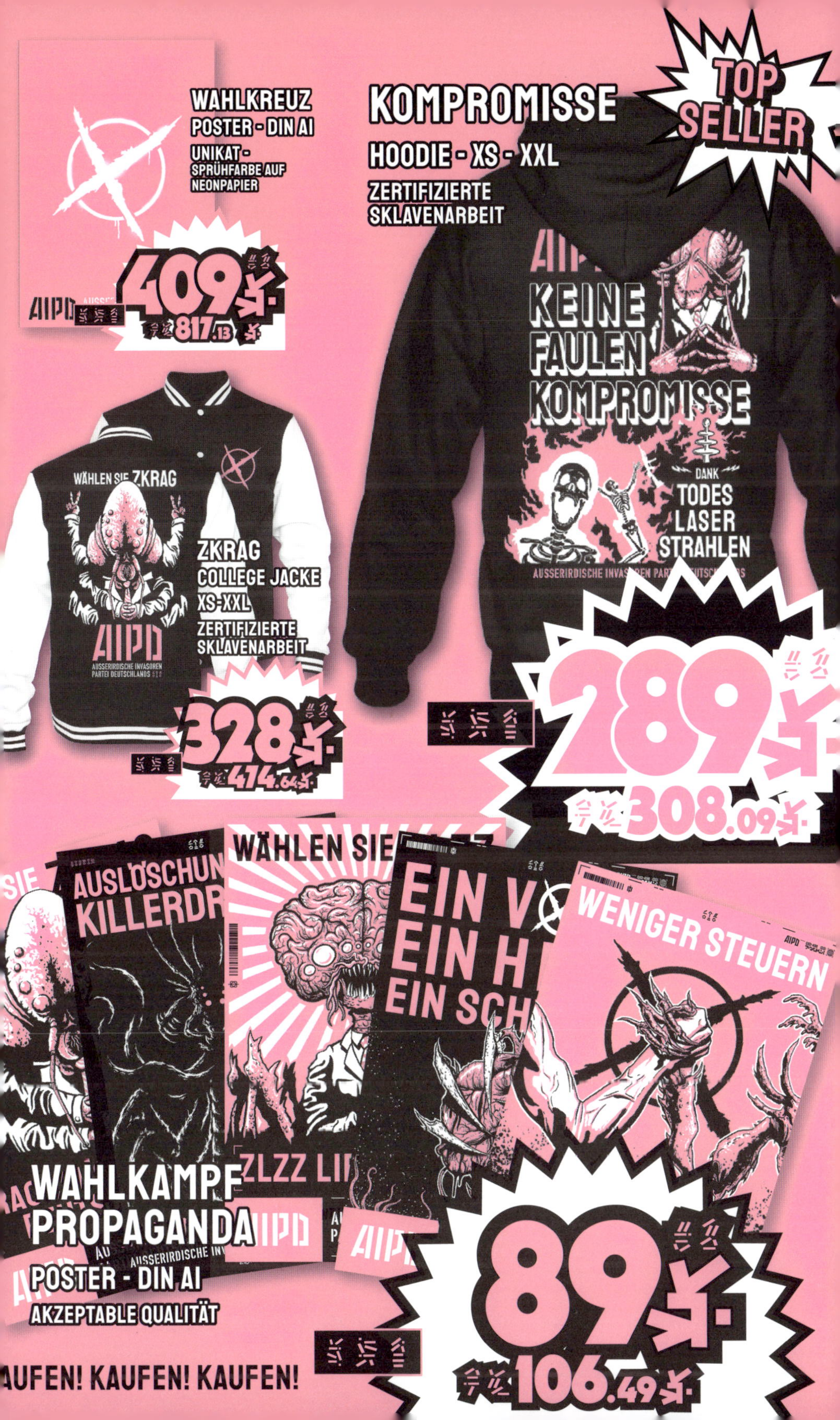

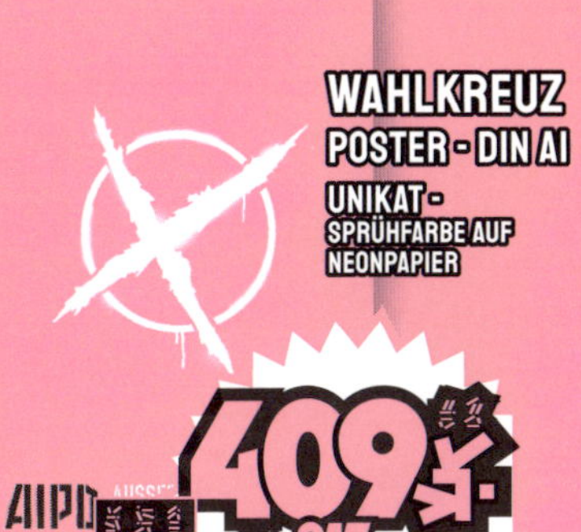

WAHLKREUZ
POSTER - DIN A1
UNIKAT - SPRÜHFARBE AUF NEONPAPIER

409
817.13

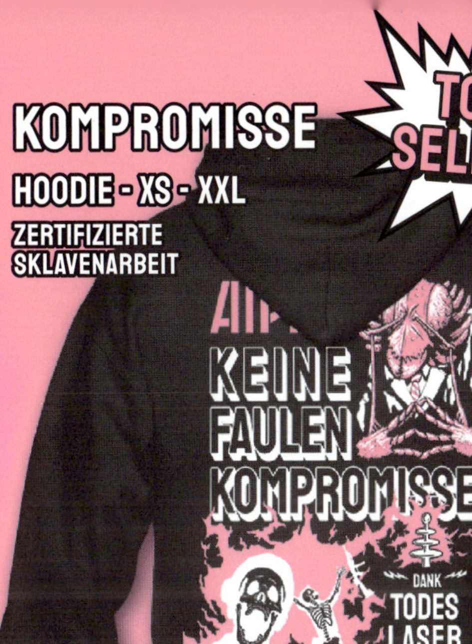

TOP SELLER

KOMPROMISSE
HOODIE - XS - XXL
ZERTIFIZIERTE SKLAVENARBEIT

289
308.09

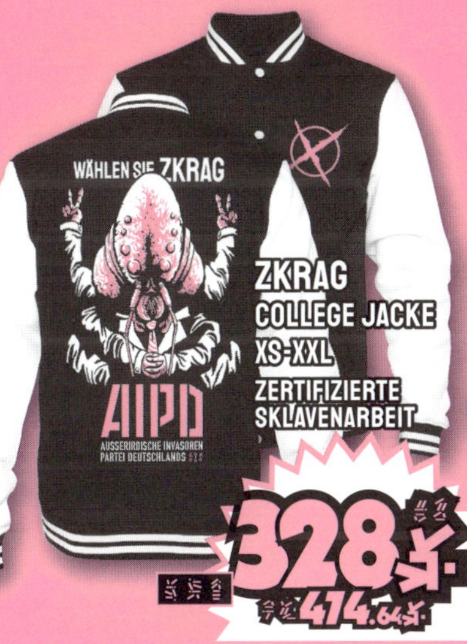

ZKRAG
COLLEGE JACKE
XS-XXL
ZERTIFIZIERTE SKLAVENARBEIT

328
474.64

WAHLKAMPF PROPAGANDA
POSTER - DIN A1
AKZEPTABLE QUALITÄT

89
106.49

AUFEN! KAUFEN! KAUFEN!

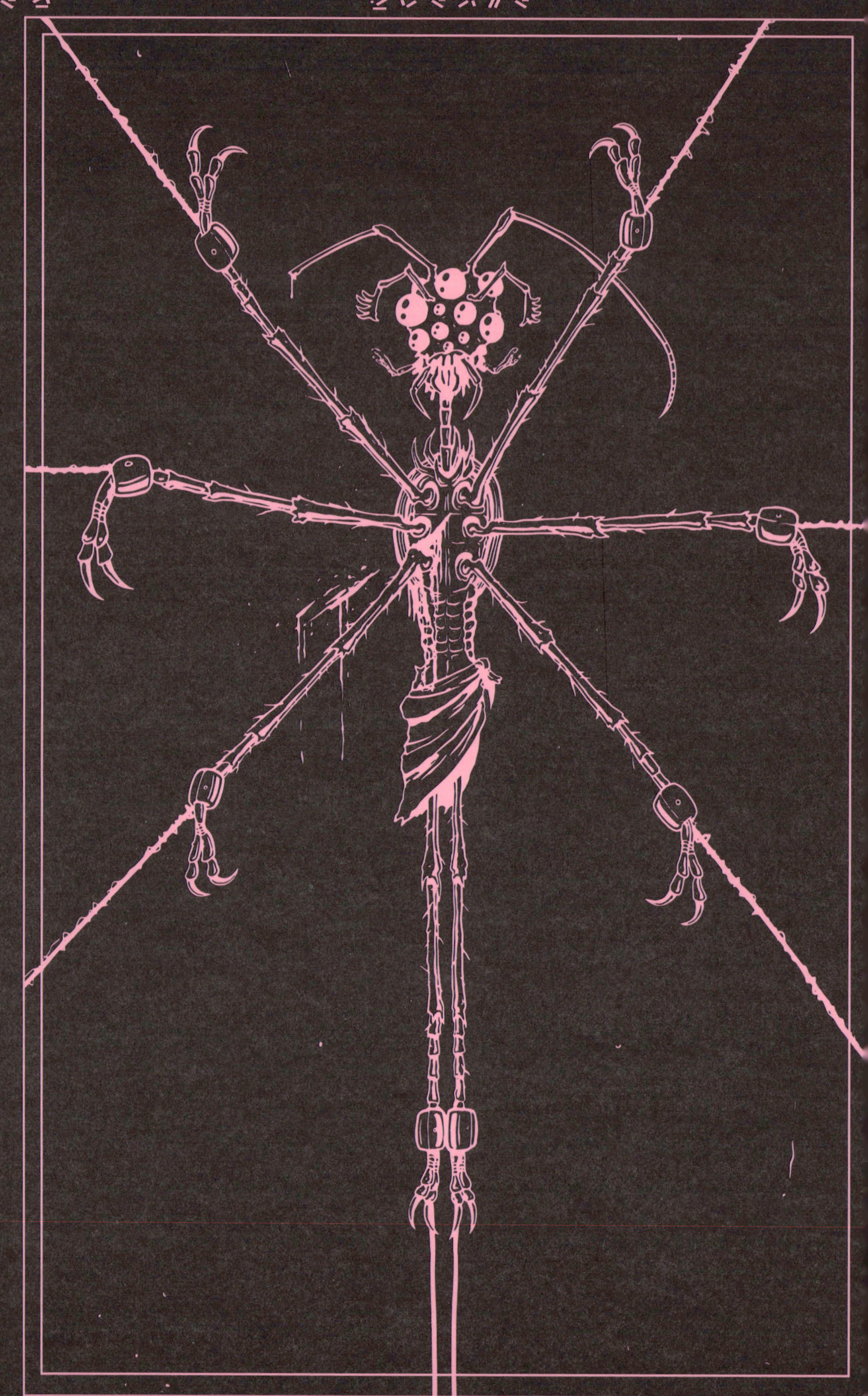

Die Religion, die alle anderen Glaubenslehren obsolet macht

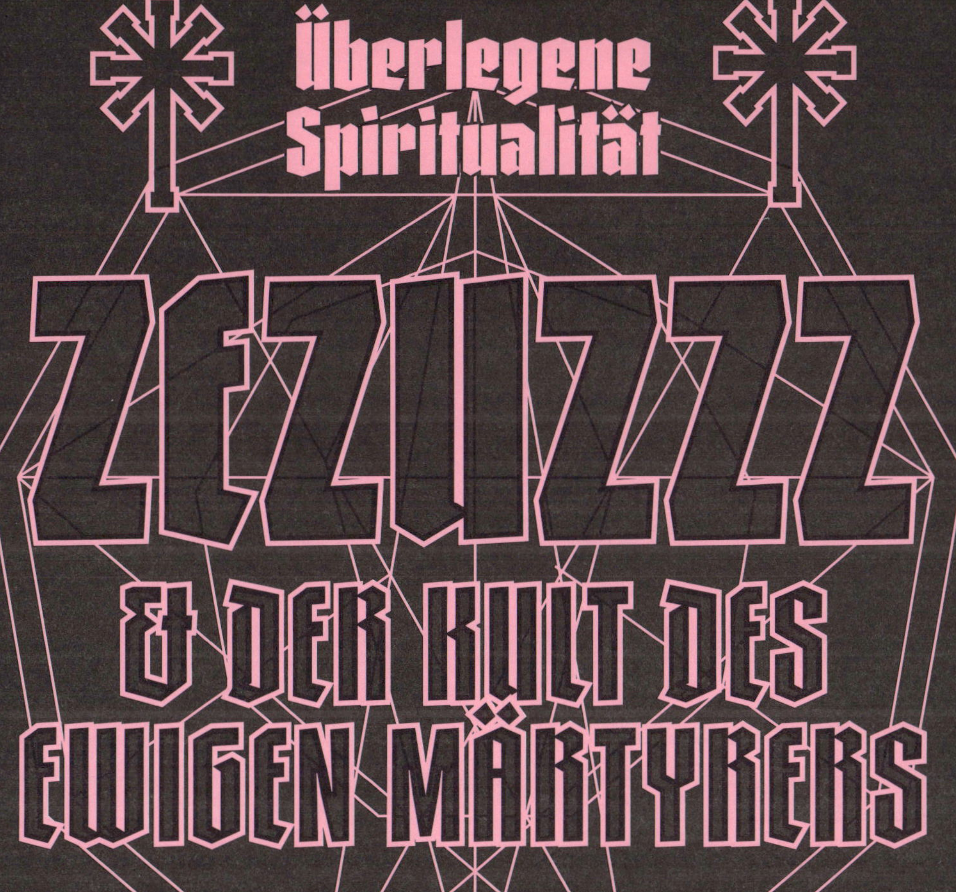

ZEZUZZZ der Reinkarnator, Abkömmling von ZYOHWX, stirbt jeden Tag einen weiteren qualvollen Tod für unser labiles kollektives Seelenheil.

Die brutalste Religion der Galaxie – jetzt auf Ihrem Planeten

»Bissi like Christentum, aber krass viel geiler yo!« – Papst Ratzinger

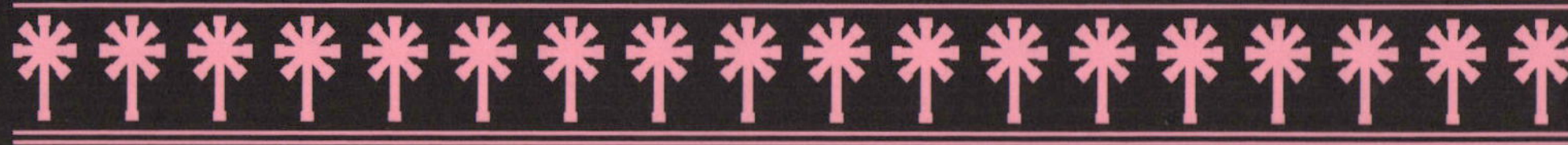

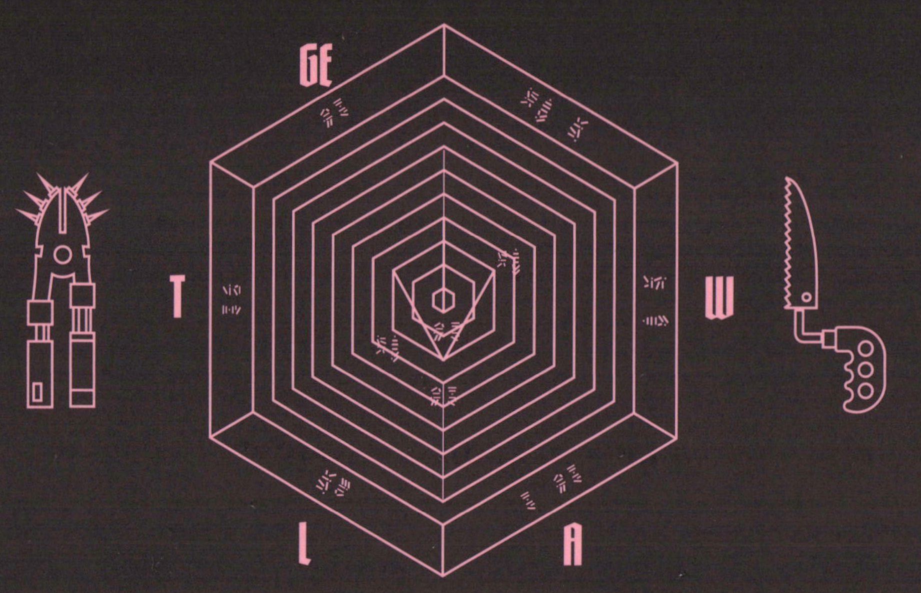

Ein Glaube ohne nervtötend langweilige und irrelevant gewordene Entstehungsgeschichte. Eine Religion, die speziell auf die Bedürfnisse des gemeinen, sinnsuchenden Geistes zugeschnitten ist. Die Lehre der ultimativen Angst. Werden Sie Zeuge von mehr Gewalt als alle konkurrierenden Religionen zusammen bieten können. Erleben Sie erhebenden Terror und sterben Sie gemeinsam mit ZEZUZZZ einen der mannigfachen grausamen Tode.

Beten Sie mit uns die heiligen Worte
zu Ehren des unfreiwilligen Märtyrers ZEZUZZZ

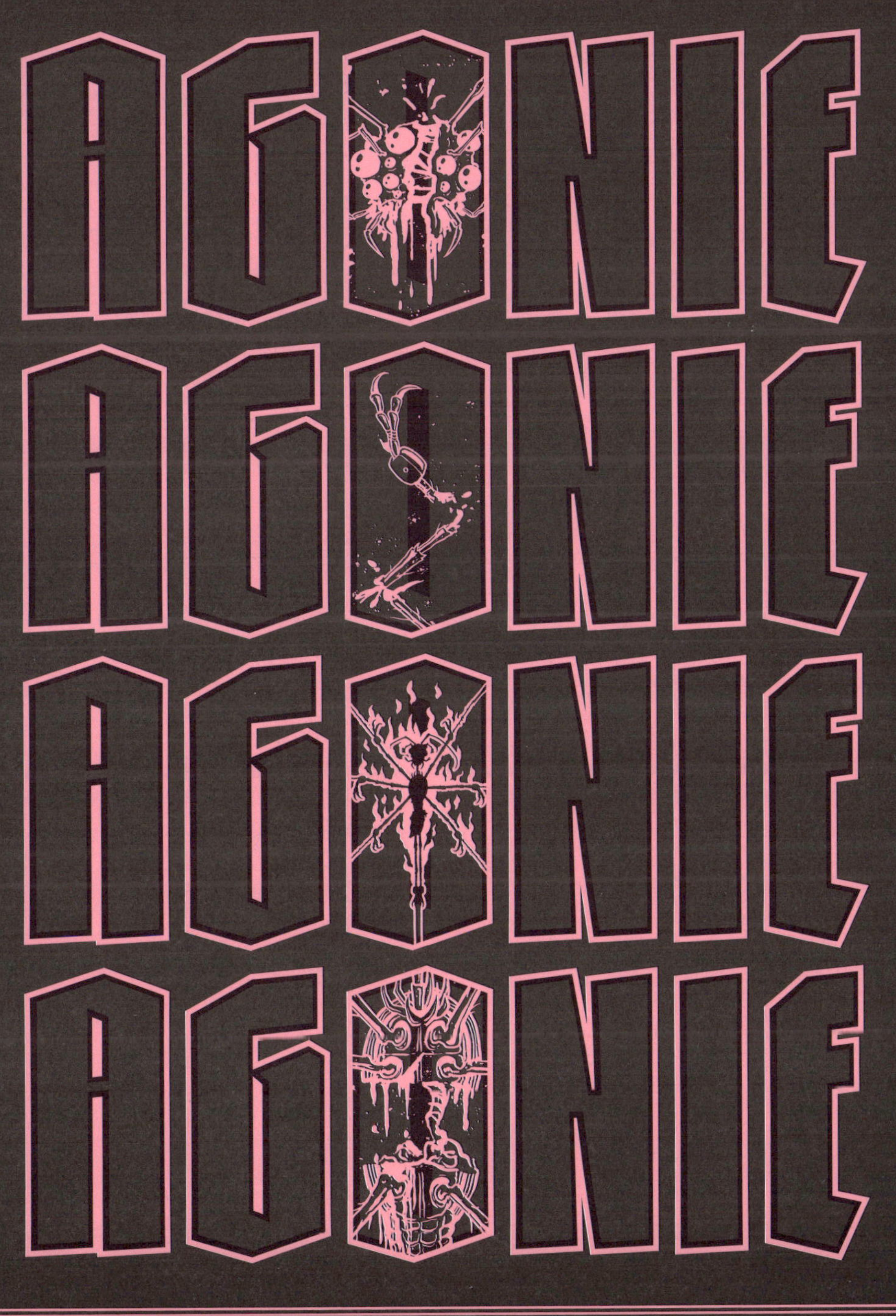

TOP 10

DER DENKWÜRDIGSTEN TÖTUNGEN DES UNFREIWILLIGEN MÄRTYRERS ZEZUZZZ

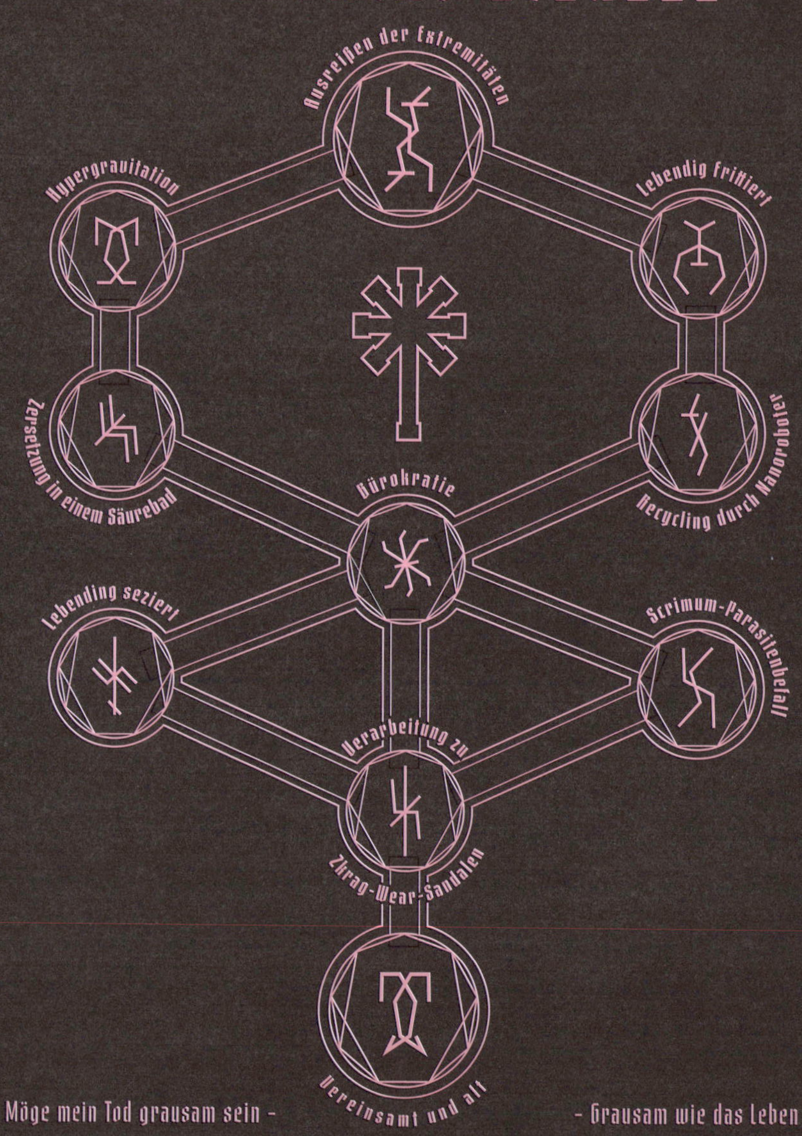

- Möge mein Tod grausam sein - - Grausam wie das Leben -

Eine Myriade memorabler Verendungen

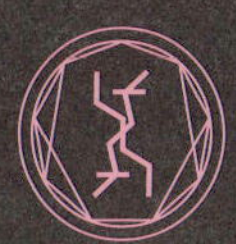

Ausreißen der Extremitäten

und anschließendes Ausbluten unter dem Gelächter der Peiniger

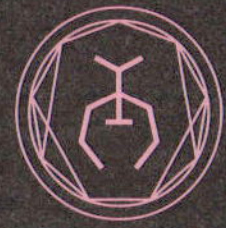

Lebendig frittiert

und von der dekadenten Schickeria von Tromil Voz verspeist

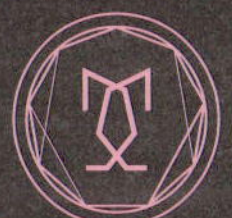

Zermalmt durch Hypergravitation

800 g Direkteinwirkung

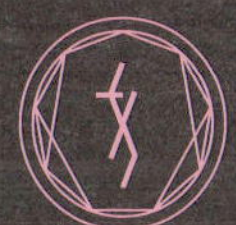

Recycling durch Nanoroboter

fachgerechte Zerlegung und Aufbereitung

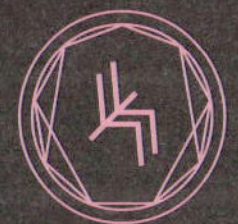

Zersetzung in einem Säurebad

mit anschließender vorschriftsmäßiger Entsorgung der Abfallprodukte

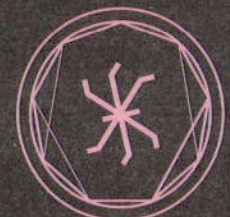

Bürokratie

Formular 735 § 5.2 B 457.83 – Antrag und Folgeanträge

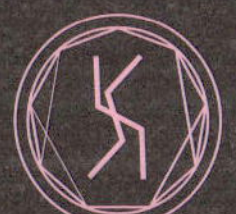

Scrimum-Parasitenbefall

Typus G – heimisch auf Skyrlon 35 und den primitiveren Krukk-Welten

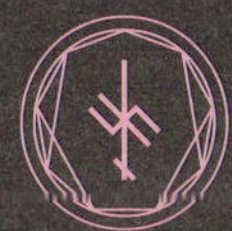

Lebendig seziert

Beitrag des beliebten wissenschaftlichen Unterhaltungsformats »Kenne dein Universum mit ZQIURR und ZQION«

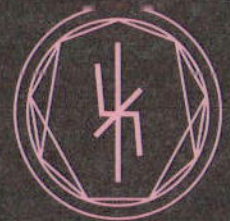

Verarbeitung zu ZKRAG-Wear-Sandalen

Model »Holy Sprint – Limited Edition«

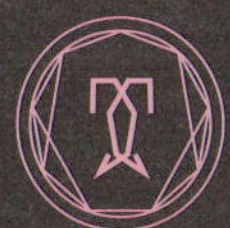

Vereinsamt und alt

entfremdet, isoliert und gebrochen – ein ganz normaler Tod

ZEZUZZZ, STIRB NOCH EINMAL FÜR UNSERE ERLÖSUNG

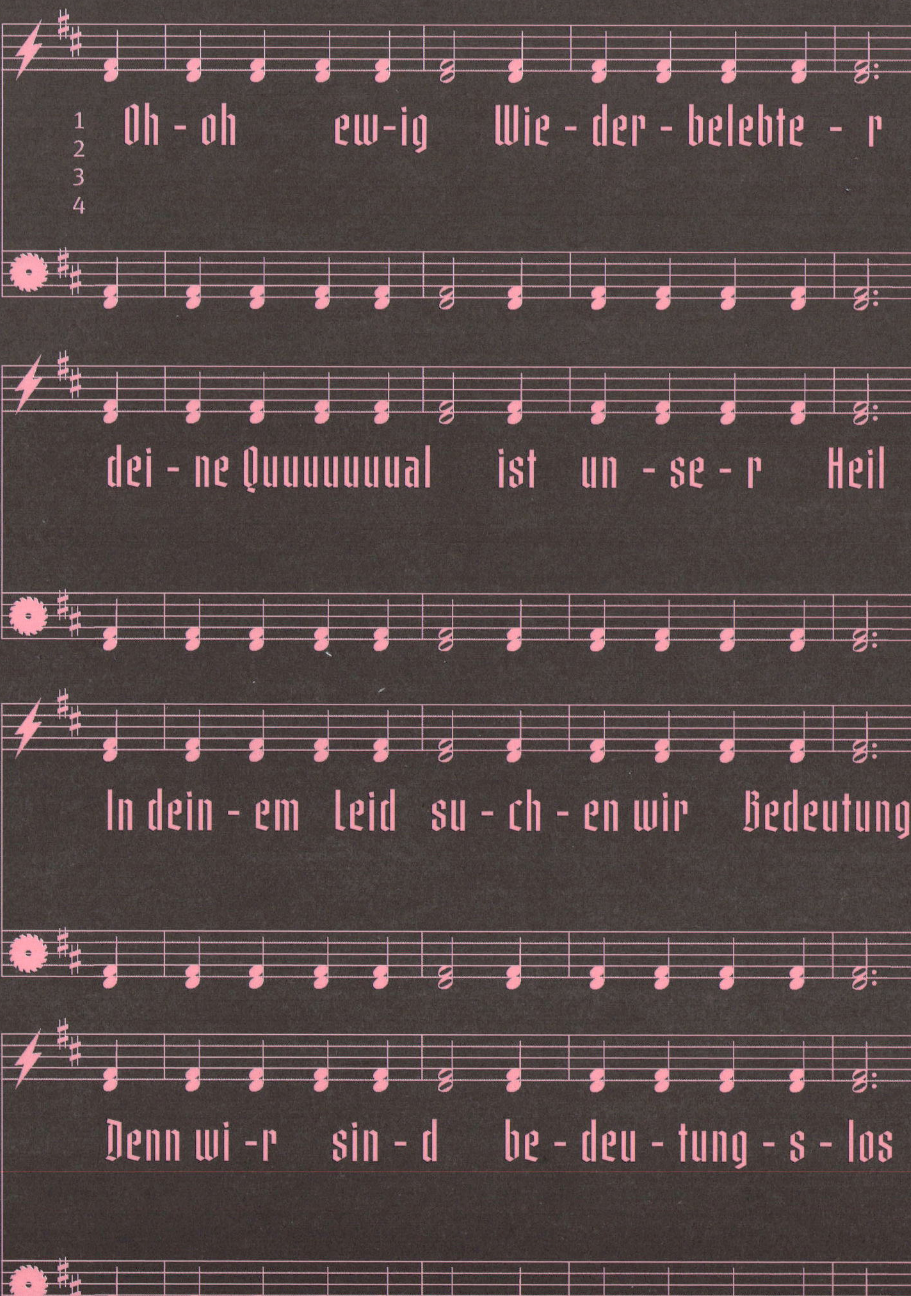

Lobgesang 764

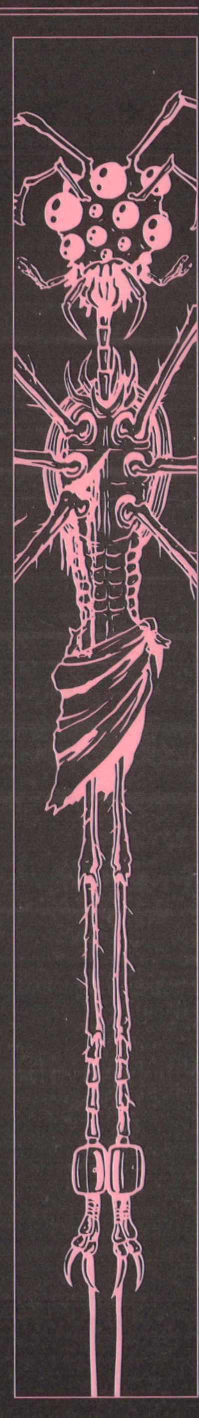

STROPHE 2

Deine Agonie verspricht uns Sinn
dein Leid erhebt uns
denn wir sind unwürdig
und verdienen nichts als Pein

STROPHE 3

Mögen deine Eingeweide herausgerissen
deine Arme gebrochen und
deine Augen ausgestochen werden
möge der Wahnsinn sich deiner bemächtigen
denn wir sind schwach und abscheulich

STROPHE 4

Oh ZEZUZZZ stirb noch einmal
denn das Universum ist groß und wir sind klein
nichts hat einen Sinn
darum leide für uns

Text: ZKNTRL - der Manipilator / Musik: ZGRL - der Taube

7. Garom 427.987.GT

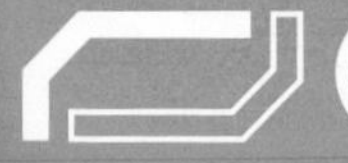

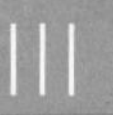
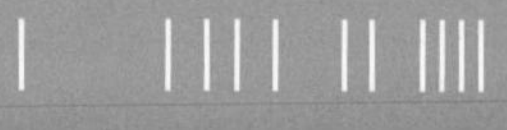

DIE KANDIDATEN

INTELLIGENZ, GRAUSAMKEIT & KOMPETENZ

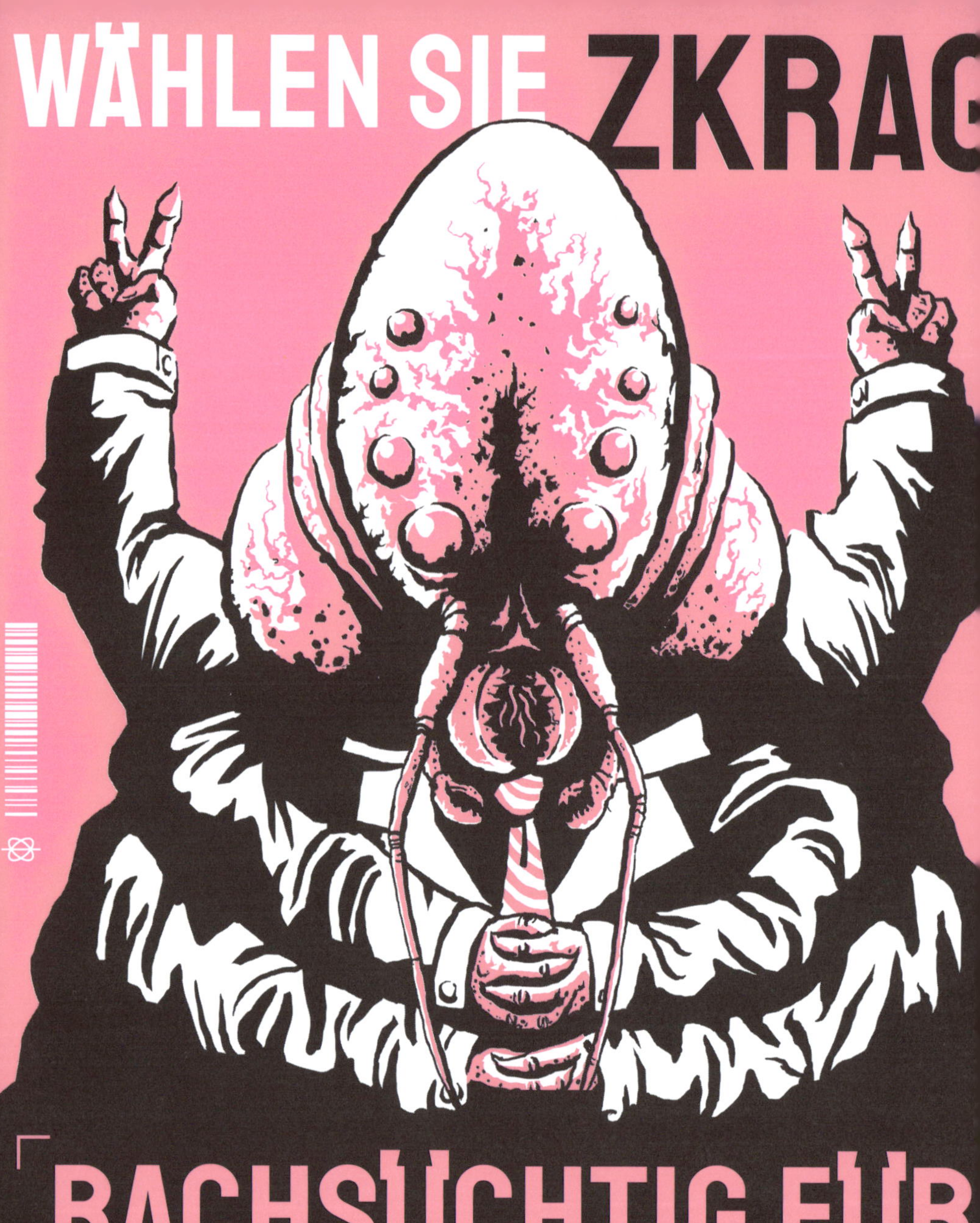

RACHSÜCHTIG FÜR DEUTSCHLAND

AIPD

AUSSERIRDISCHE INVASORE
PARTEI DEUTSCHLANDS

ZKRAG

DER RACHSÜCHTIGE

Als Feldherr gefürchtet, als Kriegstreiber geliebt und geschätzt! ZKRAG hat sich in zahlreichen intergalaktischen Auseinandersetzungen seinen Ruf als aufbrausender und rachsüchtiger Unterdrücker verdient. Unzählige Welten wurden schon unter seiner Führung versklavt, ausgebeutet und letztendlich eliminiert.

Seine Modelinie »ZKRAG-Wear – die Kleidung, die noch lebt« ist ein moderner Klassiker – Prädikat »effektiv und skrupellos«.

EIN INTERSTELLARER WARLORD MIT STIL

Die fliegende Palastfestung über Skyrlon 57 strahlt Geschmack und Härte aus. An den verspielten Schmuckelementen der Fassade, die aus ineinander verknoteten und im Todeskampf dahinsiechenden Krukk bestehen, kann man das für einen interstellaren Warlord eher untypische Faible für Architektur und Design erahnen. Der sechsarmige Koloss öffnet uns höchstpersönlich die Tür. Wir hätten noch einmal Glück gehabt, scherzt er uns entgegen und bleckt seine frisch geschärften Mundwerkzeuge. Wären wir noch ein paar Minuten später erschienen, hätte er uns sämtliche Extremitäten gebrochen und aus uns eine hübsche Esszimmergarnitur geknotet. Sein kehliges Lachen erfüllt den Raum mit Verwesungsgestank.

ZKRAG führt uns durch eine große Halle, an deren Wänden ein grünlich-klebriges Sekret herabbläuft. »Galgoronier-Blut«, belehrt uns der Parteivorsitzende und macht uns darauf aufmerksam, wie schön sich das Licht der drei Syrmo-Sonnen, das durch die Kristalldecke hereindringt, im besagten Sekret bricht.

Danach gestattet er uns einen kurzen Abstecher in seine riesige Brutkammer, in der Abermillionen seiner Sprösslinge heranreifen. Unmittelbar umgibt uns ein heftiger, alles durchdringender Säuregestank. Er sei vor Kurzem auf Kerzmo-Drohnen umgestiegen, erläutert ZKRAG. Sehr teuer in der Anschaffung, aber sehr ergiebig und was generische Reinheit angehe, einfach unschlagbar. Die ganzen Eier selbst zu splicen sei für jemanden in seiner Position einfach keine Option mehr. Zumindest nicht, wenn man Wert auf quantitativ ertragreichen Nachwuchs lege. Irgendjemand müsse die ganzen Unterwerfungen ja erledigen. Nur Killerdrohnen loszuschicken sei im Endeffekt wenig lukrativ. Zu kostspielig und strategisch ungeschickt. Sein Nachwuchs hingegen sei perfekt darauf ausgerichtet, Eroberungskriege optimal abzuwickeln. Erbarmungslos, durchtrie-

ben und effektiv wie ihr Erzeuger. Der Parteivorsitzende zwinkert uns mit seinen acht Augen zu und lässt erneut sein raumgreifendes Lachen erklingen. Das beißende Säurebouquet des Raumes wird um eine Verwesungsnote ergänzt.
Als nächstes wird uns die unglaubliche Ehre zu Teil, einen Einblick in ZKRAGs kreatives Schaffen zu erhaschen: ein kurzer Besuch seines Studios mit anschließender Besichtigung des Showrooms, in dem die neue Kollektion seines Modelabels »ZKRAG-Wear – die Kleidung, die noch lebt« präsentiert wird.

ZKRAGs Studio ist für einen interstellaren Warlord seines Kalibers überraschend bescheiden, ja geradezu spartanisch gehalten: ein Dodekaeder aus schwarzem Titangranit mit einem Anti-Grav-Pad in der Mitte des Raumes. Er habe in der Vergangenheit vieles ausprobiert, von Schwarmintelligenzvernetzungstechniken über hyronische Denksklaven und Oordionoptren, aber für ihn funktioniere die vollkommene Schwärze und Stille seines Ateliers – den unendlichen, toten Weiten des Universums nachempfunden – doch am besten, um die für seine Kunst nötige Konzentration aufzubringen.
Die Entwicklung seiner innovativen Verfahren und Methoden benötigten enorme geistige Kapazitäten, da es äußerst kompliziert sei, das Ausgangsmaterial seiner Mode am Leben zu erhalten; angesichts der massiven Verstümmelungen, die der Transformationsprozess abverlange.
Auf unsere etwas leichtsinnige Frage hin, ob wir denn Zeugen sei-

NUR KILLERDROHNEN LOSZUSCHICKEN SEI IM ENDEFFEKT WENIG LUKRATIV. ZU KOSTSPIELIG UND STRATEGISCH UNGESCHICKT. SEIN NACHWUCHS HINGEGEN SEI PERFEKT DARAUF AUSGERICHTET, EROBERUNGSKRIEGE OPTIMAL ABZUWICKELN.

nes Schaffensprozesses werden dürften, verwandelt das charmante, 500 Kilogramm schwere Insektoid unsere Produzentin kurzerhand in ein modisches Poloshirt, das es sich direkt überstreift und sich damit – neckisch mit den Hüften schwingend – auf den Catwalk seines Showrooms begibt. Natürlich inklusive obligatorischem Posing am Ende des Laufstegs.

DIE ENTWICKLUNG SEINER INNOVATIVEN VERFAHREN UND METHODEN BENÖTIGTEN ENORME GEISTIGE KAPAZITÄTEN, DA ES ÄUẞERST KOMPLIZIERT SEI, DAS AUSGANGSMATERIAL SEINER MODE AM LEBEN ZU ERHALTEN; ANGESICHTS DER MASSIVEN VERSTÜMMELUNGEN, DIE DER TRANSFORMATIONSPROZESS ABVERLANGE.

Wir applaudieren, das Poloshirt und sämtliche Exponate schreien unter unsäglichen Qualen.

Die überzeugenden Darbietungen ZKRAGs – der wahrscheinlich letzten wahren Stilikone der Galaxie – veranlasst das gesamte Reportage-Team dazu, sich freiwillig für die fachmännische Zerlegung und Neuzusammensetzung zu »ZKRAG-Wear – die Kleidung, die noch lebt« anzubieten.
Doch ZKRAG weist uns ab, wobei er einen gewissen Ekel in seiner Stimme nicht verbergen kann. Bestimmte qualitative Standards müssten eingehalten werden und die Unfreiwilligkeit des Ausgangsmaterials sei ein wichtiges Kriterium. Wahre Kunst baue nun einmal auf Leid auf – je mehr davon, desto besser.
Aber er wolle uns unsere unwissende Geringschätzung seiner Arbeit nicht übelnehmen und als Entschuldigung für unsere Anmaßungen unseren Einsatz als Biomaterial für seinen Nachwuchs akzeptieren.

Hier endet die Berichterstattung des VOX-Interstellar-Homestory-Teams. Der Sender bedauert das Ableben der Homestory-Crew, weist aber nachdrücklich darauf hin, dass es sich bei allen Verstorbenen um freie Mitarbeiter:innen handelt, die auf eigene Verantwortung agiert haben und somit keinerlei Regressansprüche der Familien und Angehörigen gegenüber dem Sender bestehen.

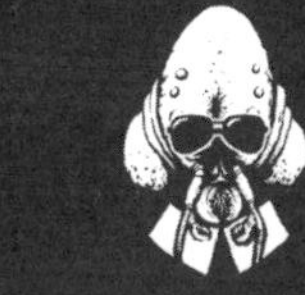

ZKRAG-WEAR

Die Kleidung, die noch lebt.

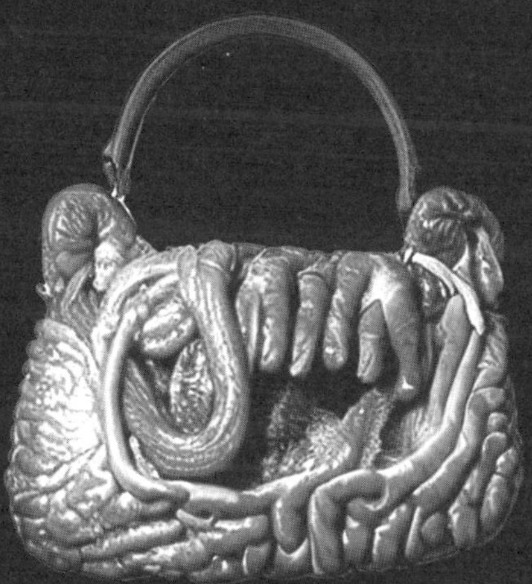

Die neue Accessoire & Handbag Line

ULTRAMPUTATION DELUXE

– Jetzt im Handel –

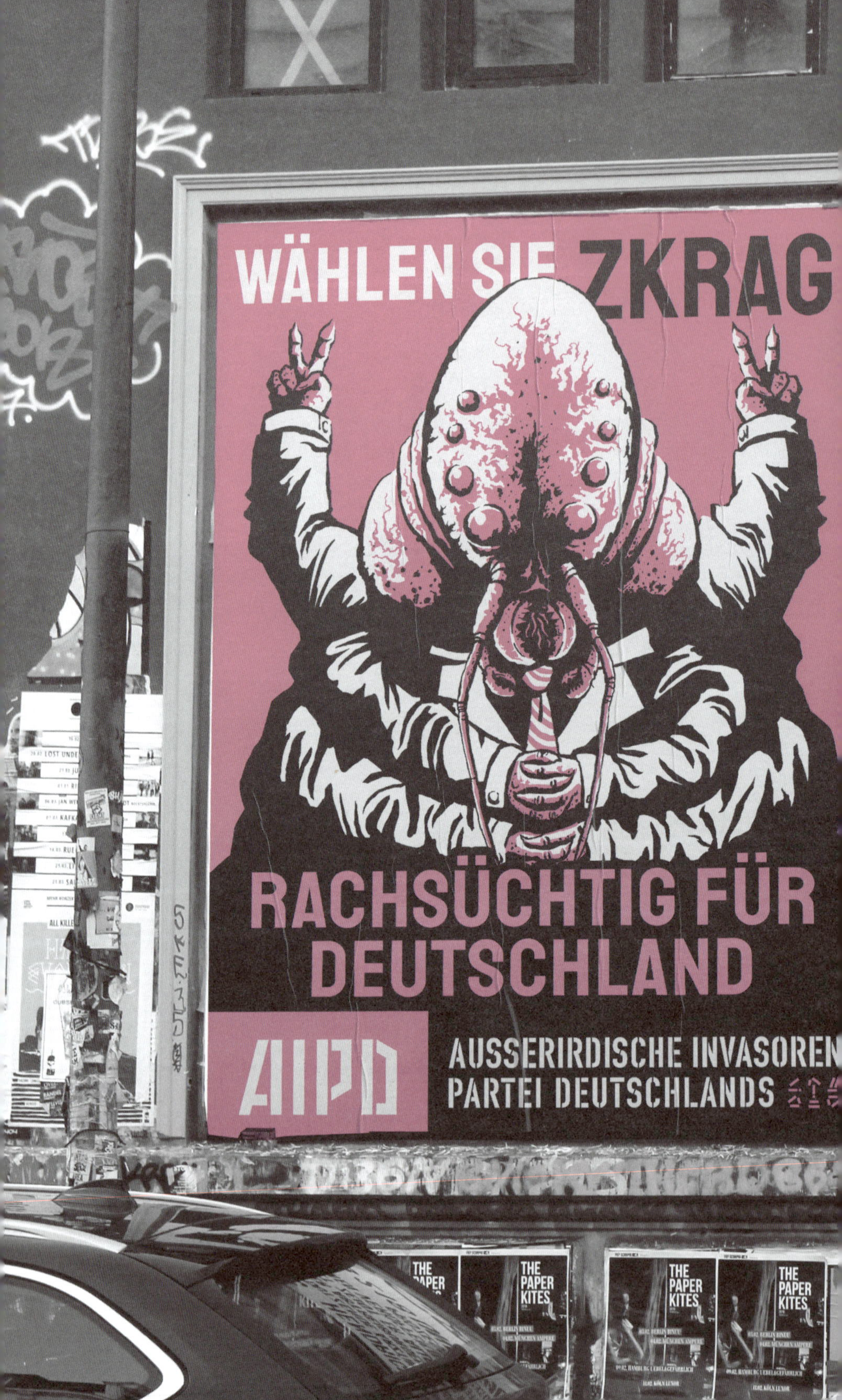
WÄHLEN SIE ZKRAG
RACHSÜCHTIG FÜR DEUTSCHLAND
AIPD
AUSSERIRDISCHE INVASOREN PARTEI DEUTSCHLANDS
THE PAPER KITES
THE PAPER KITES
THE PAPER KITES
THE PAPER KITES

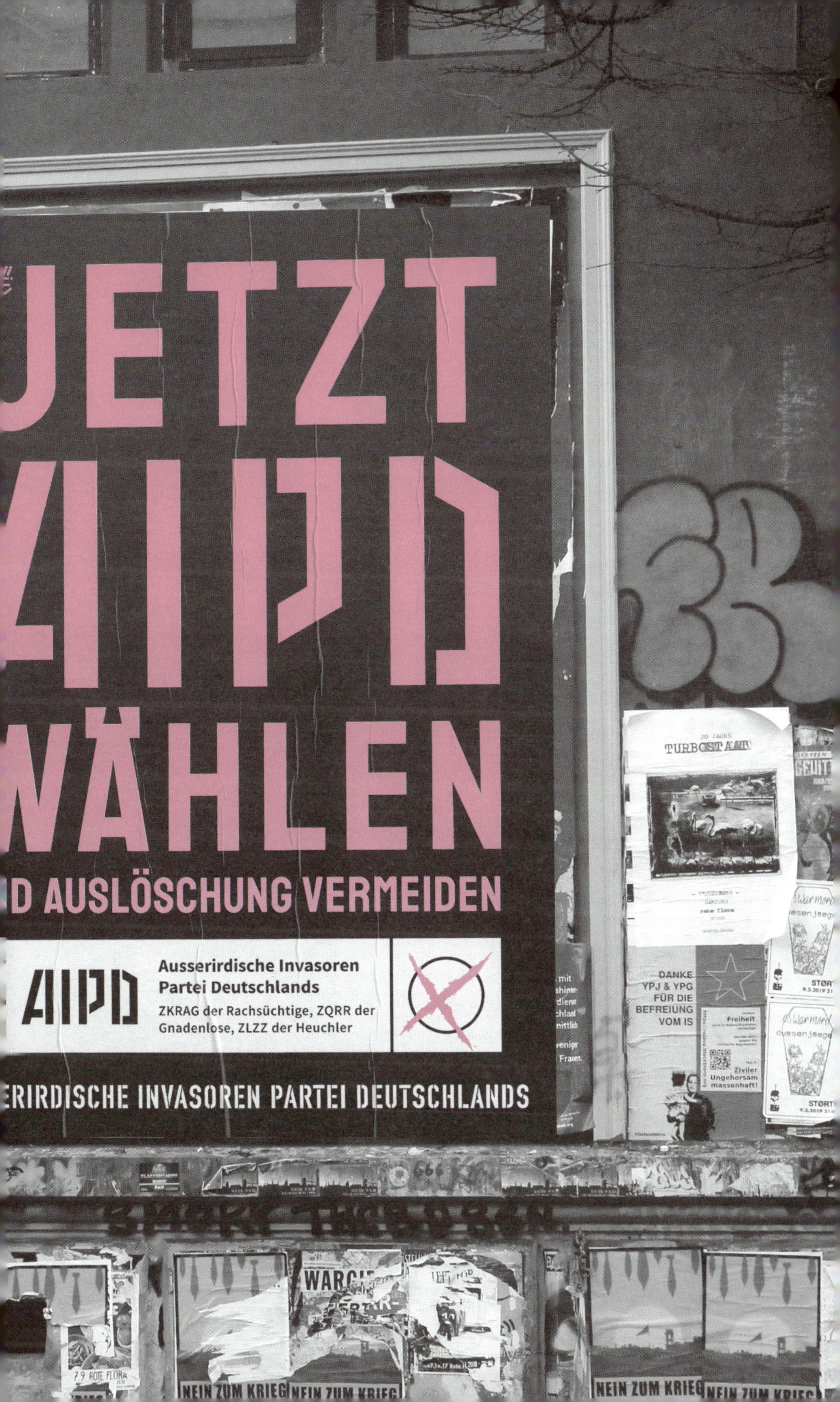

JETZT
AIPD
WÄHLEN
D AUSLÖSCHUNG VERMEIDEN
AIPD
Ausserirdische Invasoren Partei Deutschlands
ZKRAG der Rachsüchtige, ZQRR der Gnadenlose, ZLZZ der Heuchler
ERIRDISCHE INVASOREN PARTEI DEUTSCHLANDS

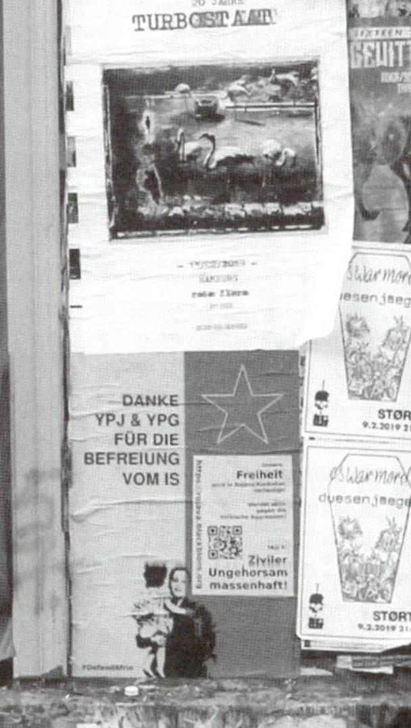
TURBOSTAAT
DANKE YPJ & YPG FÜR DIE BEFREIUNG VOM IS
Freiheit
Ziviler Ungehorsam massenhaft!

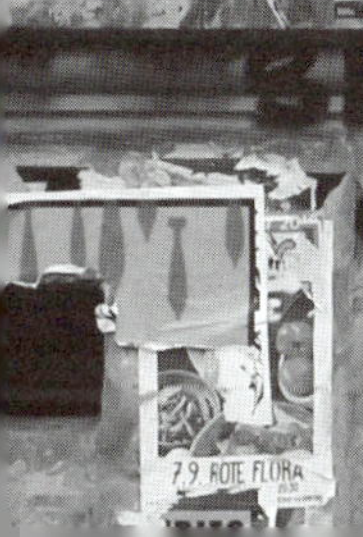
7.9. ROTE FLORA

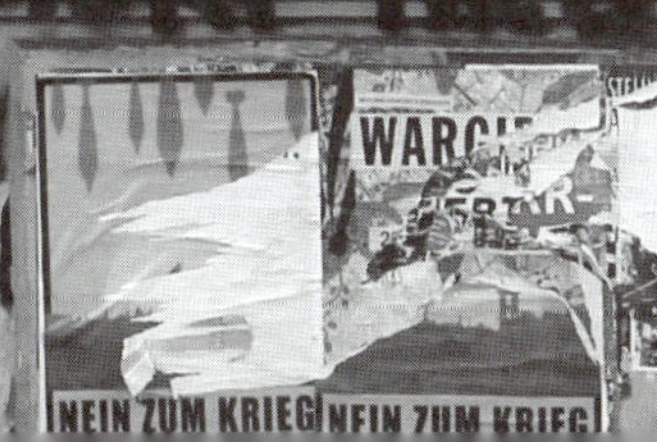
NEIN ZUM KRIEG
NEIN ZUM KRIEG

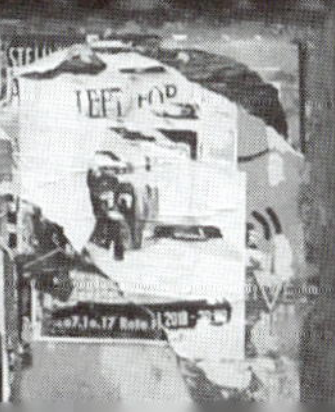

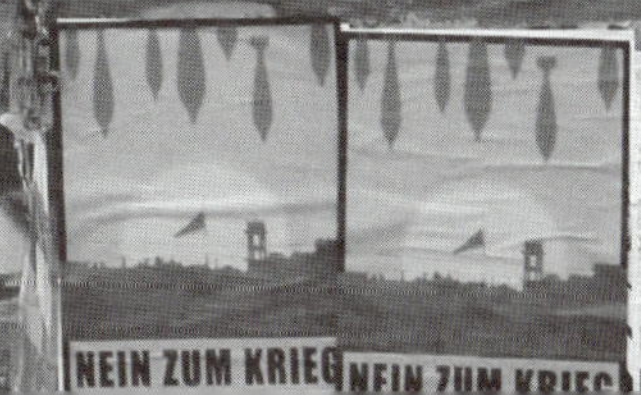
NEIN ZUM KRIEG

WÄHLEN SIE ZLZZ

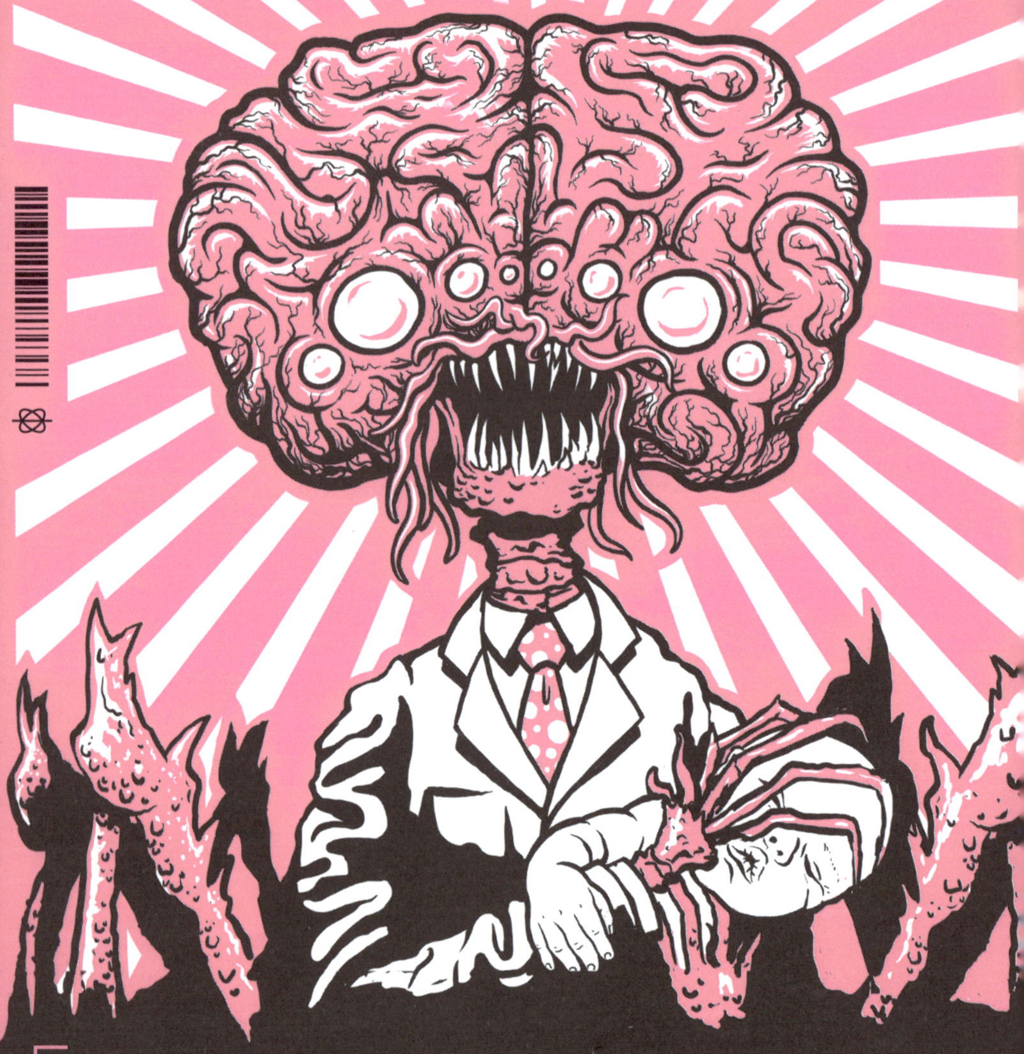

ZLZZ LIEBT BABYS

AIPD

AUSSERIRDISCHE INVASORE
PARTEI DEUTSCHLANDS

ZLZZ

DER HEUCHLER

Durch den ersten und zweiten Feldzug gegen die Krukk als Sternenflottenwarlord bekannt geworden, glänzt ZLZZ neben seinen Fähigkeiten als geschickter Feldstratege vor allem durch seine weniger gewalttätige, aber nicht minder effektive Kriegsführung. Als wahre Koryphäe der lügenträchtigen Propaganda ist es ihm nicht selten gelungen, durch gezielte Desinformationskampagnen Feinde so gegeneinander aufzuhetzen, dass sich diese in blutigen Auseinandersetzungen neutralisierten.
Dass die Menschheit (noch) nicht eliminiert wurde, liegt mitunter an einer verschrobenen Eigenheit des Heuchlers: ZLZZ liebt Babys.

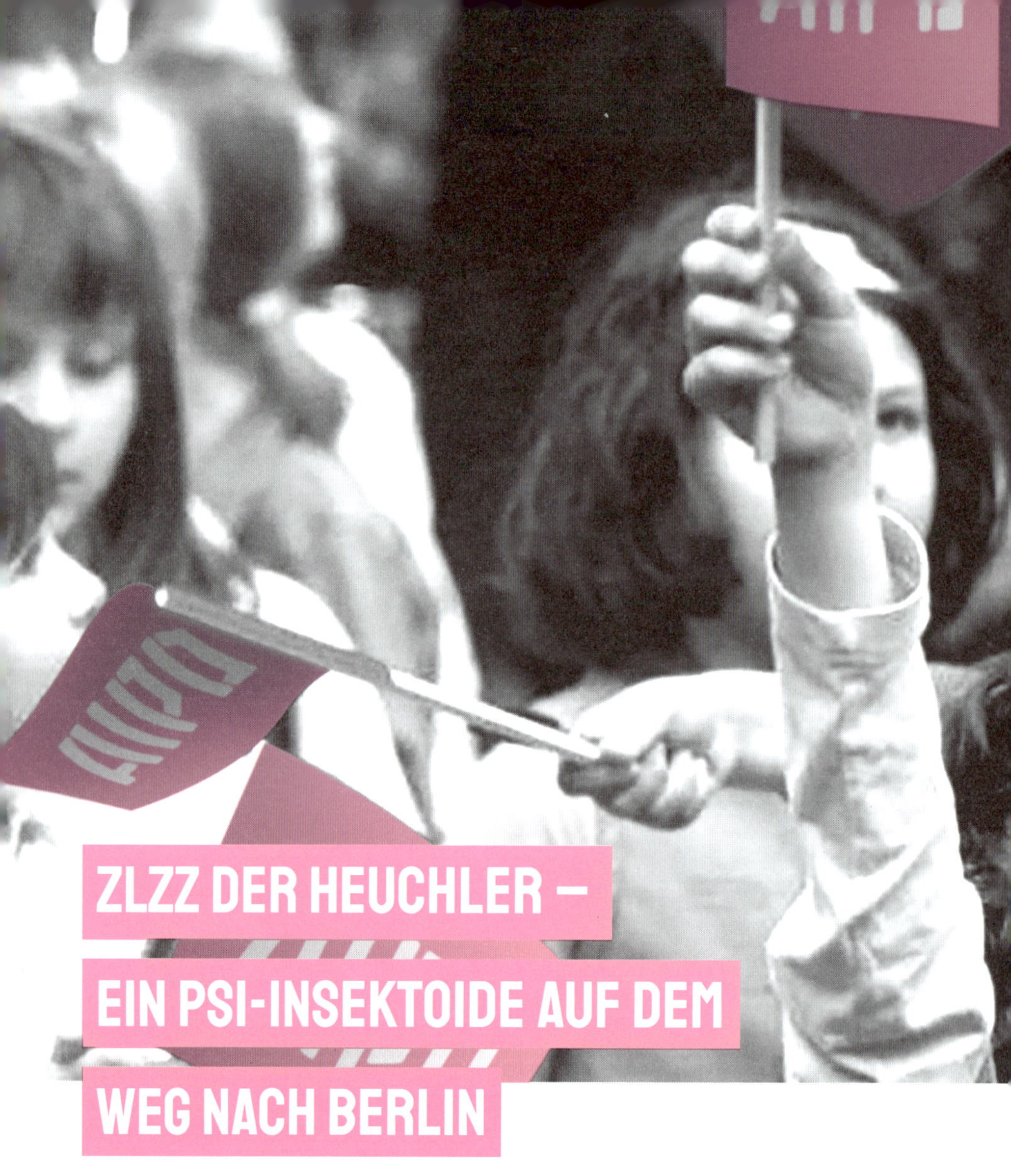

ZLZZ DER HEUCHLER – EIN PSI-INSEKTOIDE AUF DEM WEG NACH BERLIN

Es ist Punkt 11:30 Uhr als der kugelsichere Limousinenkonvoi von ZLZZ dem Heuchler vor der Kita »Kleine Sterne« in Duisburg-Marxloh vorfährt. Die Kleinen haben pinkfarbene AIPD-Fähnchen gebastelt und die Sonne strahlt mit dem Wahlkreiskandidaten um die Wette. ZLZZ der Heuchler, der der intergalaktischen Öffentlichkeit bisher als strategisch überragender Sternenflottenwarlord aus dem ersten und zweiten Feldzug gegen die Krukk bekannt ist, schickt sich an, das Direktmandat im Wahlkreis 116 zu erobern. »Dieses ganze Gerede ... Neuparteien,

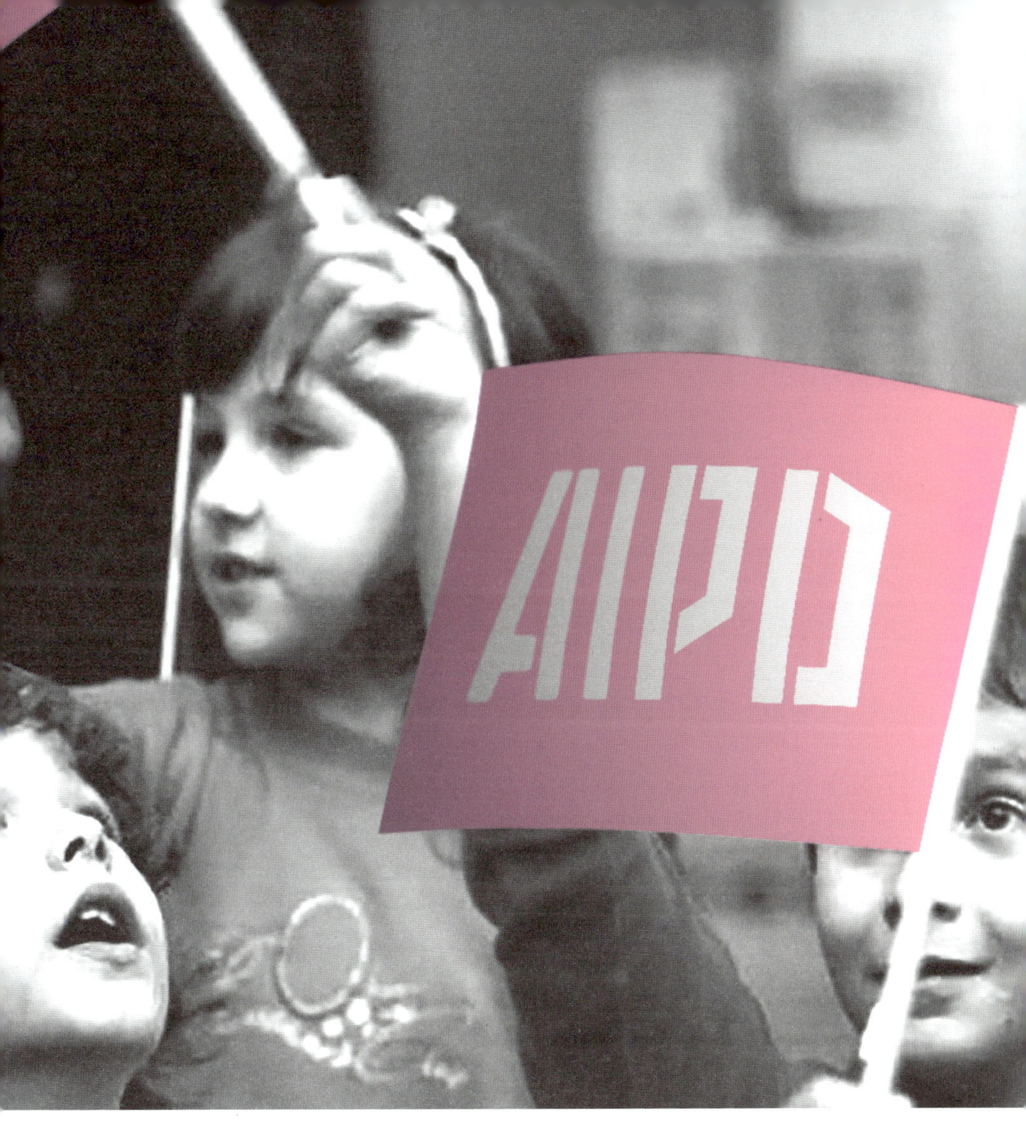

Altparteien, Reformparteien ... vor den Todeslaserstrahlen™ sind alle gleich«, betont der charismatische Insektoide seine Überparteilichkeit im Pressegespräch. Interessiert inspiziert er die Kita und ihre kleinen Besucher:innen: »Diese Kinder sehen wohlgenährt und köstlich aus. Mit ihren schmalen Hüften sind sie für die Arbeit in den engen Schächten der Kobaltminen auf Skyrlon IV bestens geeignet.« ZLZZ küsst noch eine Handvoll Babys; danach folgt eine kurze Kundgebung. »Werte Humanoiden, ich verspreche euch Ruhm und Wohlstand unter der ewig

»FÜR UNS SEID IHR ALLE HAUPTSÄCHLICH HUMANRESSOURCEN, OB IHR EUCH DABEI DER, DIE ODER DAS MATERIAL NENNEN WOLLT, IST MIR ZIEMLICH WUMPE«

ZLZZ – ZUM THEMA GENDERN

sengenden Sonne von Batquar Primus. Ihr verdient Freiheit, Gerechtigkeit und entspannte Wochenenden im Kryostasetank.«

ZLZZ zwingt im Anschluss zwei unwürdige Berliner, die extra 600 Kilometer angereist sind, um den Warlord zu sehen, sich vor ihm in den Staub zu werfen. Eine junge Frau spricht den Heuchler auf das Gendern an. »Für uns seid ihr alle hauptsächlich Humanressourcen, ob ihr euch dabei der, die oder das Material nennen wollt, ist mir ziemlich wumpe«, betont ZLZZ so eloquent wie schlagfertig. Selbst neutrale Beobachter:innen merken sofort: hier ist ein Inesktoide auf dem Weg nach Berlin.

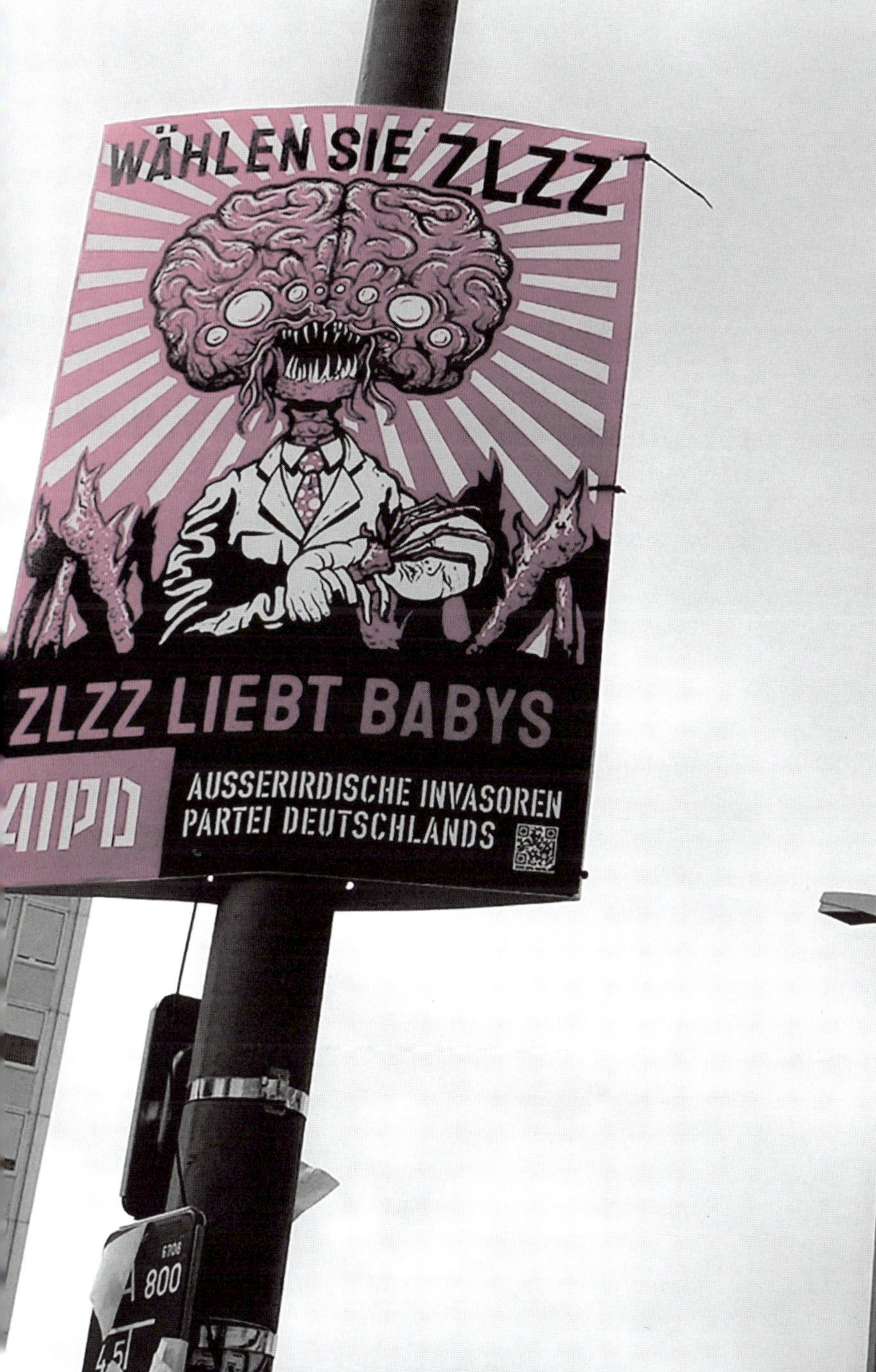
WÄHLEN SIE ZLZZ
ZLZZ LIEBT BABYS
AIPD
AUSSERIRDISCHE INVASOREN
PARTEI DEUTSCHLANDS
800

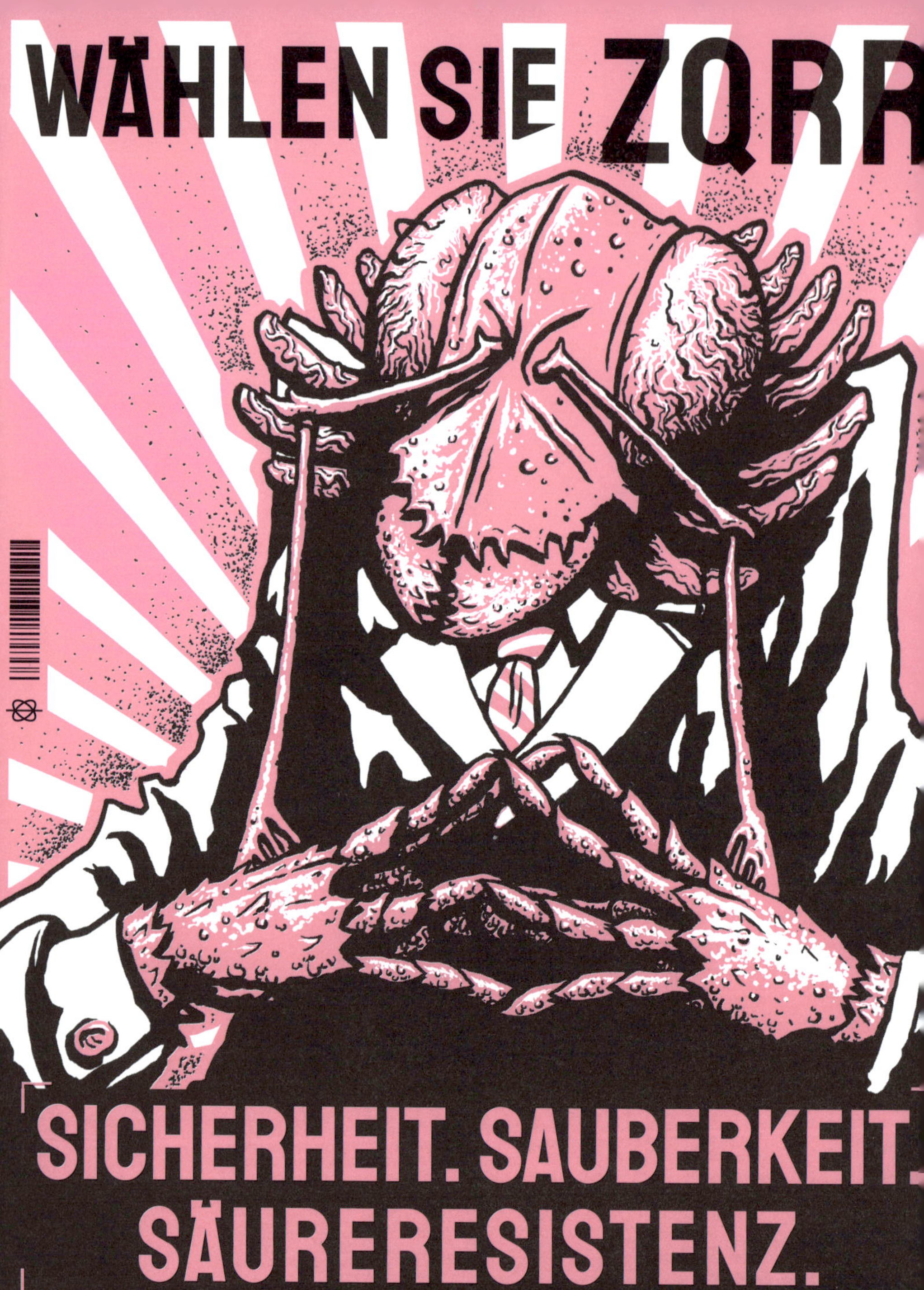

AIPD

AUSSERIRDISCHE INVASOREN
PARTEI DEUTSCHLANDS

ZQRR

DER GNADENLOSE

Der Mentat ZQRR war nicht nur maßgeblich an der Entwicklung von Hypnofram, der wirkungsstarken Unterdrückungsdroge beteiligt, er ist auch als Verfasser des Gedichtbandes »Komplette Überwache – dank Angstmache« der von Despoten meistgelesene Lyriker der Galaxie. Außerdem ist der brutale Schöngeist, der am liebsten den Nachwuchs seiner Feinde verspeist, absolut säureresistent.

ZQRR IM INTERVIEW

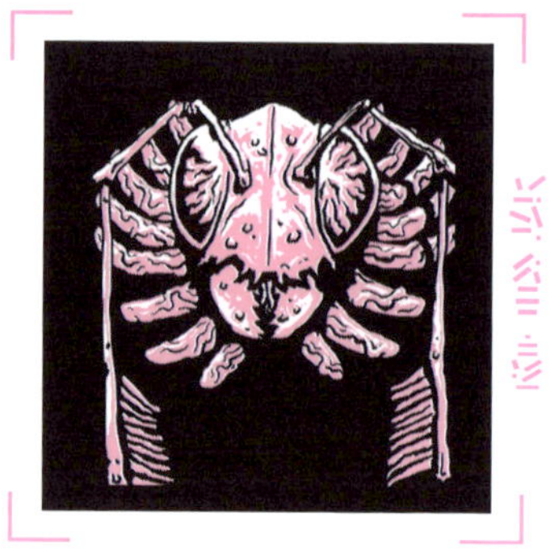

Als Reaktion auf die beeindruckende und ausdrucksstarke Propagandakampagne der AIPD erreichten die Parteizentrale unzählige inkompetente Gesuche von minderbemittelten Pressevertreter:innen: stupide schriftliche Fragenkataloge, anmaßende wie stumpfsinnige Liebesbekundungen und natürlich diverse Interviewanfragen. Der unwürdigen Anfrage eines populären Online-Magazins, das wir vorsichtshalber (um juristisches Geplänkel zu vermeiden) »Reflektierende Glasfläche Online« nennen wollen, wurde tatsächlich die Ehre zuteil, von ZQRR höchstpersönlich beantwortet zu werden.

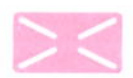

Zunächst per E-Mail:

Mickriges Menschlein,

Ihre vorformulierten Fragen haben uns zutiefst irritiert und uns an den Fähigkeiten unseres Übersetzungsapparats zweifeln lassen. Nach der Liquidierung des kompletten Übersetzerteams sind das nachfolgende und auch das diesem Team nachfolgende Team zum gleichen Ergebnis gekommen, weshalb wir davon ausgehen müssen, dass wir Sie offenbar von Anfang an richtig verstanden haben.

Widerwillig und peinlich berührt, werde ich mich dazu zwingen, Ihre dilettantischen Fragen zu beantworten. Auch wenn Sie in meinen Augen – und ich habe 2312 davon – die Tragweite der Situation in keiner Weise zu erfassen vermögen. Da Sie weder zur Telepathie noch zur Holografie fähig sind, können Sie mich zwischen 12 und 14 Uhr unter der offiziellen Nummer der AIPD-Parteizentrale erreichen.

Verächtlichst Ihr zukünftiger Herrscher **ZQRR**

Ein paar Stunden später klingelte es in der AIPD-Parteizentrale. Nach gerade einmal 47 Minuten nervenaufreibendem Verhör durch die Telefonassistenten-KI wurde der Anrufer zu ZQRR durchgestellt:

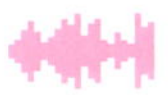

ZQRR: Hier ZQRR der Gnadenlose. Sie sind also dieser penetrante Schreiberling der tatsächlich dreist und leichtsinnig genug ist, sein Leben zu riskieren indem er es wagt mich zu belästigen.

RGFON: Guten Tag Herr ZQRR, schön, dass Sie sich für das Interview Zeit nehmen.

ZQRR: Lang lebe der Schwarm!

RGFON: Äh, ja, auf dass wir alle lang leben ... Also gut, Herr ZQRR, können Sie mir etwas mehr über die Hintergründe der Plakatkampagne sagen? Gibt es einen politischen Hintergrund?

ZQRR: Bei den Plakaten handelt es sich um Wahlwerbung. Diese ist naturgemäß als politisch zu betrachten.

RGFON: Okay ... und welchen politischen Hintergrund hat Ihre Kampagne?

ZQRR: Wir streben das Ziel an, die Wahlen zu gewinnen und die Herrschaft in Deutschland zu übernehmen. Von hier aus werden wir den ganzen Planeten unterwerfen und unter der Leitung der ZOXFR Corp. alle nutzbaren Ressourcen der Erde abbauen, wozu wir die Menschen als Arbeitssklav:innen einsetzen werden.
Hierbei handelt es sich keinesfalls um eine ausbeuterische Beziehung, sondern um eine Symbiose. Der Mensch leidet zutiefst unter der Verantwortung, sein eigener Herr zu sein, und sehnt sich nach einer starken und gnadenlosen Herrscherelite.

Er ist unfähig, die Organisation seiner eigenen Spezies zu übernehmen und steuert mit Höchstgeschwindigkeit auf die selbst verschuldete Auslöschung seiner Art sowie auf die rapide Zerstörung der Biosphäre des gesamten Planeten zu. Dabei ist er in technologischer Hinsicht nicht annähernd dazu in der Lage, die Spezies zu interstellaren Reisen zu befähigen; was ein solches Verhalten eventuell noch rechtfertigen würde.
Die AIPD ermöglicht der Menschheit nicht nur eine angst-, sorgen- und schmerzfreie Existenz durch das biochemische Manipulationspharmazeutikum Hypnofram, sondern bietet auch eine umfassende Expertise in der vollständigen Ressourcenausbeutung von Planeten.
Vor allem aber stellt sie der menschlichen Spezies die Möglichkeit der interstellaren Reise und somit die Ausbeutung weiterer Planeten in Aussicht, wodurch das Fortbestehen der Spezies gesichert wird.
Die einzige im Gegenzug erhobene Forderung ist die komplette und willenlose Unterwerfung der Menschheit sowie die regelmäßige zeremonielle Opferung von Neugeborenen zur Belustigung der herrschenden Invasoren.
In Anbetracht der bevorstehenden Auslöschung ist das ein – wie wir finden – sehr bestechendes Angebot.

RGFON: Das ist ja abscheu… Verzeihung, ich meine … ich bin mir nicht sicher, ob ich Sie wirklich richtig verstanden habe … Handelt es sich vielleicht um eine Kunstaktion?

ZQRR: Da die Definition des Kunstbegriffs wohl eine Art Witz darstellt – der menschliche Humor oder was die Menschen allgemein als solchen bezeichnen, bereitet uns nach wie vor große Verständnisprobleme –, verstehe ich die Frage eher im Kontext des Kunsthandwerks.

» DIE AIPD ERMÖGLICHT DEM MENSCHEN NICHT NUR EINE ANGST-, SORGEN- UND SCHMERZFREIE EXISTENZ DURCH DAS BIOCHEMISCHE MANIPULATIONSPHARMAZEUTIKUM HYPNOFRAM, SONDERN BIETET AUCH EINE UMFASSENDE EXPERTISE IN DER VOLLSTÄNDIGEN RESSOURCENAUSBEUTUNG VON PLANETEN. «

Und diesbezüglich darf durchaus behauptet werden, dass es sich bei unseren Plakaten um überdurchschnittlich ansehnlich gestaltete Wahlplakate handelt. Was aber auch keine sonderlich große Leistung darstellt, da die visuelle Sprache der anderen Parteien nur als ekelerregend beschrieben werden kann. Die gewiefte Inhaltslosigkeit hingegen, mit der einige Parteien vorgehen, verlangt uns jedoch zwangsläufig Respekt ab. In puncto manipulative Schwammigkeit können wir hier offensichtlich noch einiges lernen.

RGFON: Ah … verstehe, verstehe. Entschuldigen Sie bitte, aber wer steckt dahinter? Gibt es Förderer?

ZQRR: Ihre Unfähigkeit, unseren Kommunikationsmitteln die einfachsten Informationen zu entnehmen, lässt uns weiterhin an unseren Übersetzungsfähigkeiten, aber vor allem an Ihrer Intelligenz zweifeln. Nichtsdestotrotz hier nun ein weiterer Versuch, Ihnen die Strukturen unserer Organisation verständlich zu machen:

»DIE EINZIGE IM GEGENZUG ERHOBENE FORDERUNG IST DIE KOMPLETTE UND WILLENLOSE UNTERWERFUNG DER MENSCHHEIT SOWIE DIE REGELMÄẞIGE ZEREMONIELLE OPFERUNG VON NEUGEBORENEN ZUR BELUSTIGUNG DER HERRSCHENDEN INVASOREN.«

»Dahinter« steckt die AIPD, die Ausserirdische Invasoren Partei Deutschlands, eine Tochtergesellschaft der ZOXFR Corp., unterstützt durch den offiziellen Sponsor »HOROR Todesflocken™ – die flockige Art zu sterben«.

RGFON: Und welche Botschaft wollen Sie und Ihr Sponsor transportieren?

ZQRR: Wir wollen die Menschen davon überzeugen, bei den kommenden Bundestagswahlen die AIPD zu wählen und somit die Herrschaftsgewalt an uns zu übertragen. Daraufhin werden wir die Menschheit mittels Hypnofram gefügig machen, von Schmerzen befreien und sie zur Ausbeutung der planetaren Ressourcen als Arbeitssklav:innen einsetzen.
Dies wird in jeglicher Hinsicht – und davon sind wir fest überzeugt – eine Verbesserung der menschlichen Gesamtsituation darstellen. Ich hoffe, dass ich mit meinen Ausführungen Ihre zerebralen Fähigkeiten nicht überfordert habe und Sie von den

Vorteilen einer endgültigen und lückenlosen Versklavung der Menschheit durch die AIPD unter der Leitung der ZOXFR Corp. überzeugen konnte.

RGFON: Aber Sie können das doch nicht ernst meinen. Das muss doch ein Witz sein! Und dazu noch ein außerordentlich schlechter, wie ich anmerken möchte. Glauben Sie wirklich, wir Menschen würden einfach klein beigeben? Das lassen wir uns nicht bieten! Wir werden uns organisieren. Wir werden uns vereinen! Wir werden kämpfen!

ZQRR (lachend): Köstlich. Menschen und Organisation. Kämpfen! Niedlich. Wir werden ja bald sehen, ob Ihre Artgenossen der gleichen Meinung sind wie Sie. Sollte dem so sein, ist die notgedrungene Auslöschung der menschlichen Spezies eine für uns akzeptable Option. Ihre Wahl.

RGFON: Das werden wir ja seh...

ZQRR: Schweigen Sie! Sie haben meine kostbare Zeit nun lange genug vergeudet. Und bedenken Sie: Für den Fall, dass die AIPD Gegenstand der Berichterstattung Ihres digitalen Schundblattes werden sollte, möchte ich Sie freundlichst, aber eindrücklich darauf hinweisen, dass ein Artikel, der unsere Missgunst erregt, nach der Machtübernahme unmittelbar zu Ihrer Liquidierung führen wird, wohingegen wir Ihnen bei einer uns wohlwollend gestimmten Publikation in Aussicht stellen, als Brutdrohne in den Zentren der ZOXFR Corp. zur menschlichen Reproduktion zum Einsatz zu kommen. Ein beinahe beneidenswerter Einsatz humanoiden Fleisches.
Lang lebe der Schwarm!

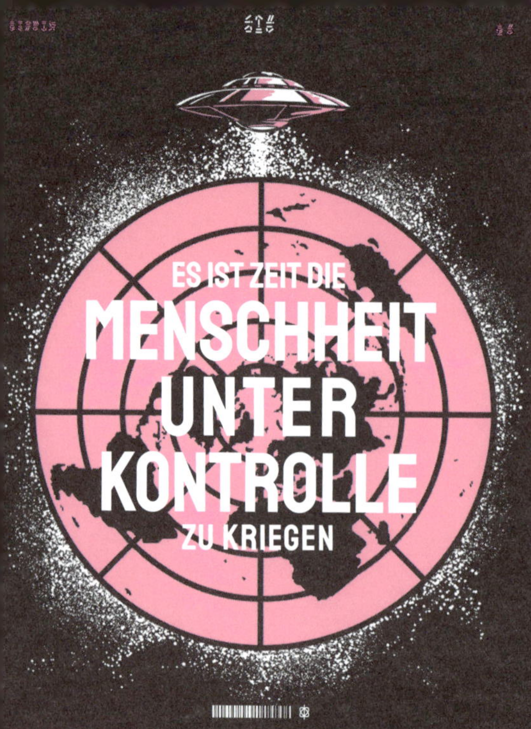

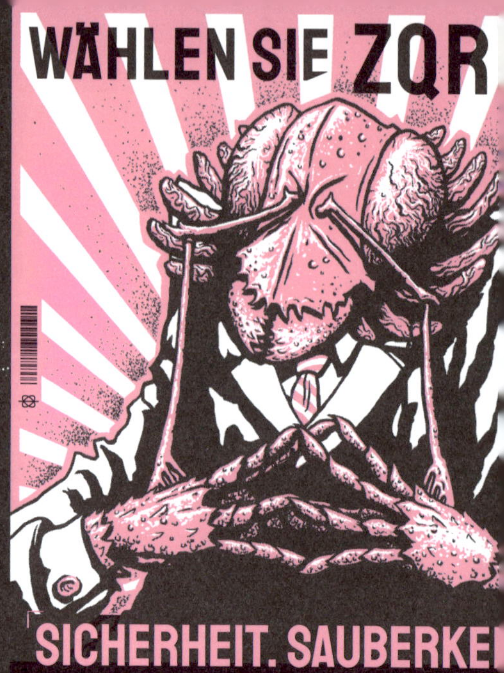

SICHERHEIT. SAUBERKEI
SÄURERESISTENZ.

AIPD AUSSERIRDISCHE INVASOREN PARTEI DEUTSCHLANDS

AIPD AUSSERIRDISCHE INVASO
PARTEI DEUTSCHLANDS

WÄHLEN SIE ZKRAG

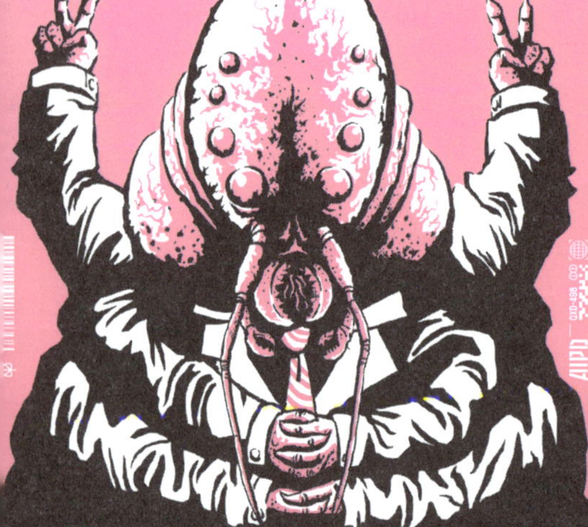

RACHSÜCHTIG FÜR DEUTSCHLAND

AIPD AUSSERIRDISCHE INVASOREN PARTEI DEUTSCHLANDS

JETZT AIPD WÄHLEN

UND AUSLÖSCHUNG VERMEIDE

FROHLOCKET, DENN DIE ZEIT DER ZWISCHENMENSCHLICHEN AUSBEUTUNG IST VORBEI. DIE MÄCHTIGE AIPD IST GEKOMMEN UM
MENSCHHEIT ZU UNTERJOCHEN UND DEN PLANETEN ERDE RESTLOS UND TOTAL ZU UNTERWERFEN. STOPPT DIE VERSKLAVUNG
MENSCHEN, DURCH DEN MENSCHEN. STOPP DIE UNÜBERLEGTE ZERSTÖRUNG DES PLANETEN. STOPPT DIE VERSCHWENDUNG DE
BAREN RESSOURCEN. **WÄHLT DIE MÄCHTIGE AIPD UND KNIET NIEDER.**

AIPD **Ausserirdische Invasoren Partei Deutschlands**
ZKRAG der Rachsüchtige, ZQRR der Gnadenlose, ZLZZ der Heuchler

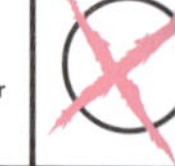

AUSSERIRDISCHE INVASOREN PARTEI DEUTSCHLAN

ZØXFR

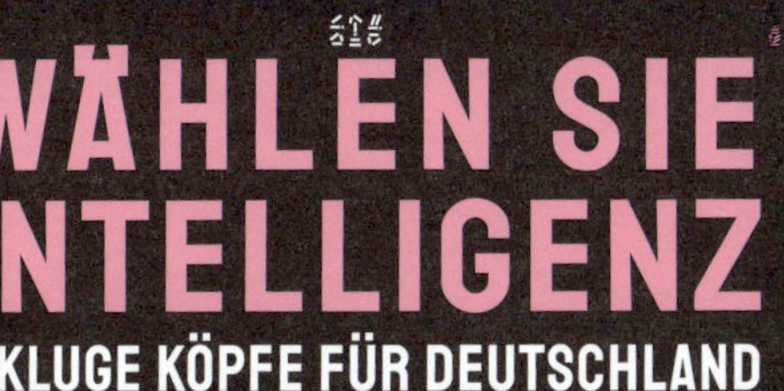

WÄHLEN SIE INTELLIGENZ

KLUGE KÖPFE FÜR DEUTSCHLAND

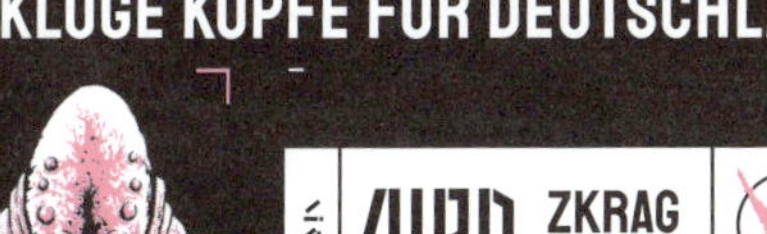

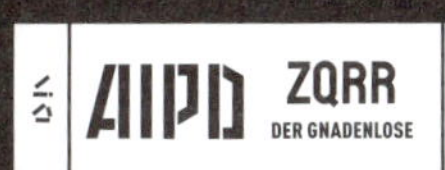

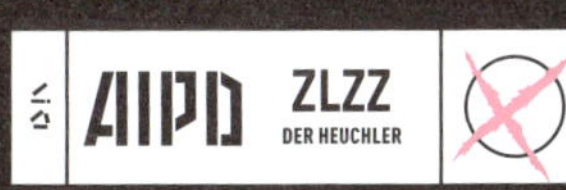

IPD

AUSSERIRDISCHE INVASOREN PARTEI DEUTSCHLANDS

VERSKLAVUNG

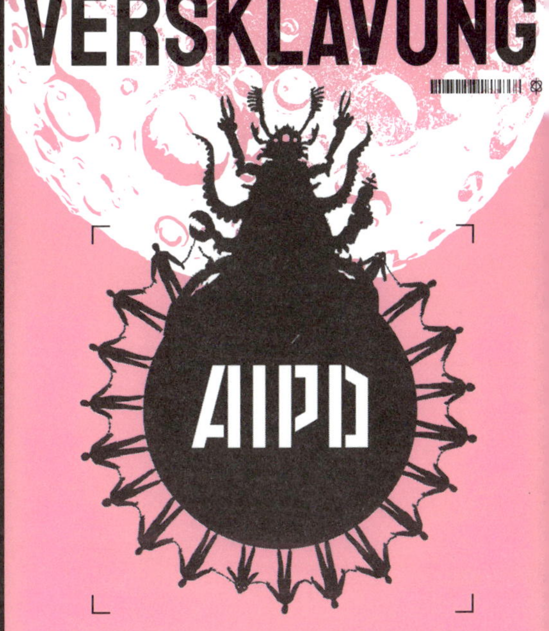

...TRANSPARENTER GESTALTEN

JETZT AIPD WÄHLEN!

AUSSERIRDISCHE INVASOREN PARTEI DEUTSCHLANDS

ÄHLEN SIE ZLZZ

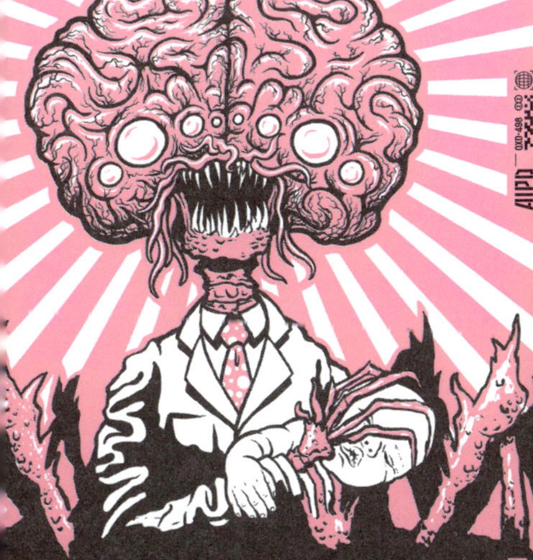

LZZ LIEBT BABYS

IPD

AUSSERIRDISCHE INVASOREN PARTEI DEUTSCHLANDS

AUSLÖSCHUNG DURCH KILLERDROHNEN

AIPD

...VERMEIDEN

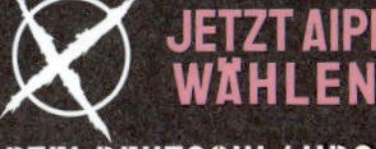

AUSSERIRDISCHE INVASOREN PARTEI DEUTSCHLANDS

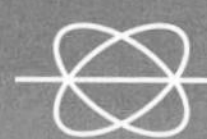

DIE MACHT-ERGREIFUNG

EIN BLICK IN DIE ZUKUNFT

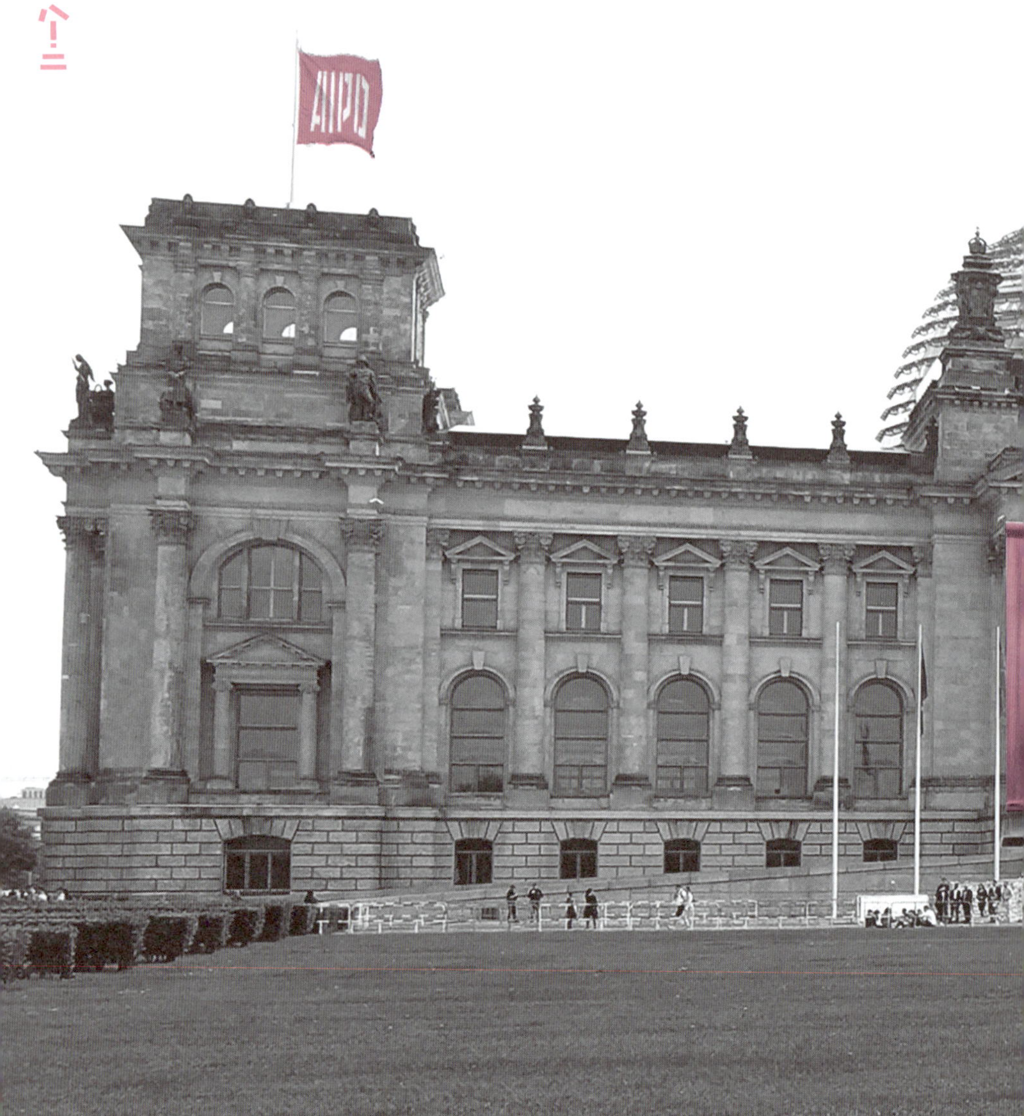

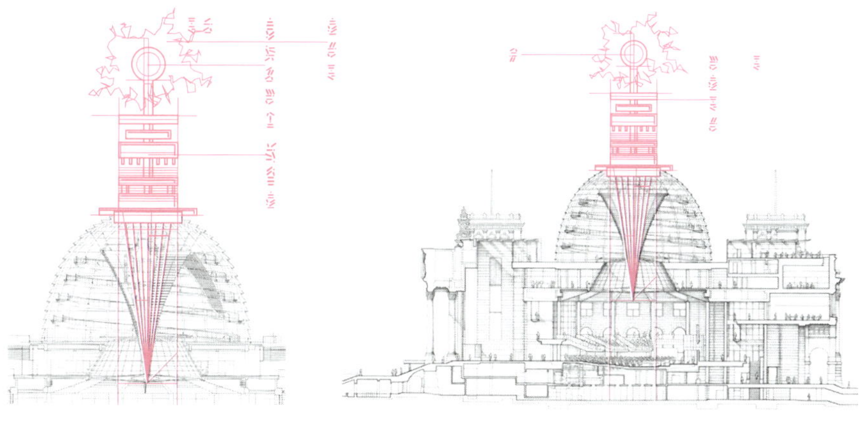

TODESLASERSTRAHLEN™

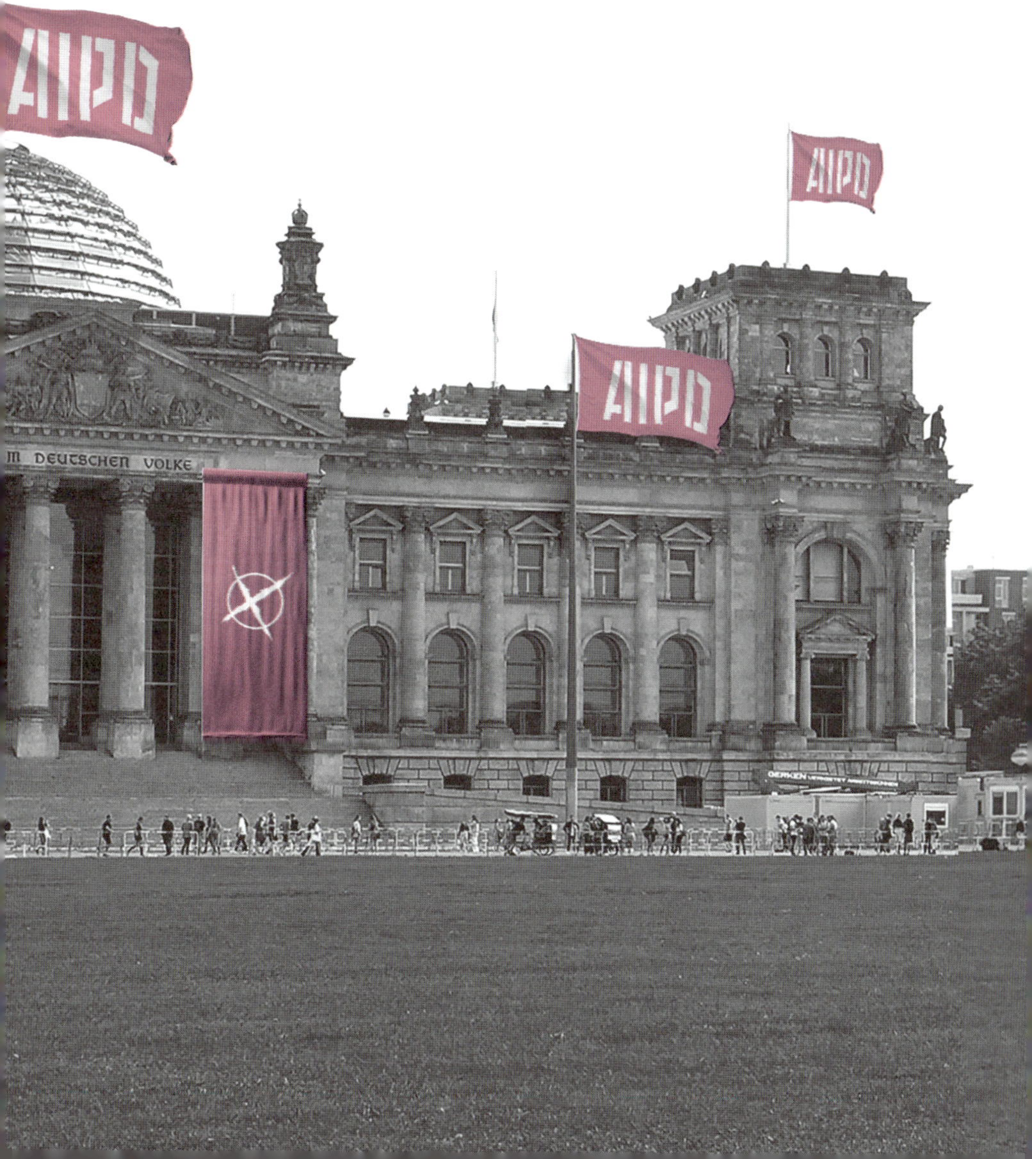

DIE MACHTERGREIFUNG

SKYR-401

Da der erdrutschartige Sieg der AIPD nur eine Frage der Zeit darstellt, besteht begründetes Interesse daran, welche Schritte die AIPD nach der Machtergreifung einleiten wird. Hier der detaillierte Plan:

PHASE I:

01

Prunkvolle **Siegesparade** mit anschließenden öffentlichen **Exekutionen** aller politischen Gegner (familienfreundliches Ambiente mit Hüpfburgen und Zuckerwatte).

02

Deutschlandweite, ausgiebige **Festivitäten** (Pflichtveranstaltung) und die Einführung von drei **neuen Feiertagen** zu Ehren der überlegenen Invasoren (Abschaffung der bis dato existierenden Feiertage).

03

Aufhebung des **Grundgesetzes** und der **Menschenrechte**. Ausweitung und Verschärfung des Pariser Klimaabkommens.

04

Umbenennung der Bundesrepublik Deutschland in **Kolonie GRLK-73.**

ZEREMONIELLE EREIGNISSE, GESETZESÄNDERUNGEN & KRIEGE

ZUSTÄNDIGKEITSBEREICH DER AIPD

05

Initiierung einiger kurzer und äußerst brutaler **Angriffskriege auf die umliegenden Nationen** (was quasi eine deutsche Tradition darstellt und von der Bevölkerung mit Wohlwollen aufgenommen werden wird), woraufhin sich der Rest Europas – angesichts der überragenden militärischen Macht von GRLK-73 – augenblicklich ergeben sollte und in die Kolonie eingegliedert werden kann.

06

Unterwerfung Asiens, Afrikas und Amerikas. Vernichtung Australiens (zu abgelegen, schlechtes Arbeitsethos und hohe Schmerztoleranz).

07

Dreijährige Anarchiephase – bei reduzierten Ressourcen und Reduktion der verfügbaren Technologien auf ein rudimentäres Niveau –, in der die Menschheit auf sich selbst gestellt ist, um den Volkskörper von den Schwachen, Kranken und Alten zu bereinigen.

08

Vollendung der Unterjochung der Menschheit durch Anreicherung der irdischen Wasserreserven mit **Hypnofram**, das sie zu hörigen Untertanen transformiert und sie ihrer Schmerzen und Ängste entledigt.

09

Chemische Kastration der generisch minderwertigen männlichen Bevölkerung (ca. 95 %). Errichtung von Zuchtzentren, in denen die restlichen 5 % als Genquellen zur Produktion weiterer Arbeitssklav:innen eingesetzt werden.

10

Übergabe an die Planetare-Abbau-Sektion der **ZOXFR Corp.**

DIE MACHTERGREIFUNG

04-76Z.2

PHASE 2:

01

Ernte, Erfassung der Genome und **Katalogisierung aller irdischen** Spezies in die Datenbanken der ZOXFR Corp. zwecks genetischer Experimente und der Optimierung menschlicher Arbeitssklav:innen.

02

Auslöschung aller nicht länger benötigten und hinderlichen Spezies (Viren, große und mittelgroße Säugetiere, Zierpflanzen und Schmetterlinge) und Errichtung von Zuchtzentren für besonders delikate Spezies (aquatische Säugetiere, Arachnoiden, Gastropoden, etc.).

03

Manuelle Extraktion aller **Syronium- und Uranvorkommen** aus der Erdkruste, der Lithosphäre und der Asthenosphäre mittels **konventioneller Minen** und menschlicher Arbeitssklav:innen.

DER PLANETARE ABBAUPROZESS

ZUSTÄNDIGKEITSBEREICH DER ZOXFR CORP.

04

Manuelle Extraktion aller **Syronium-, Skalmonium- und Uranvorkommen** aus dem unteren Erdmantel mittels **lasergebohrter Qualgoth-Minen** und genetisch optimierter menschlicher Arbeitssklav:innen.

05

Transformation der Wasserreserven zum platzsparenden Ice IX und anschließender Abtransport (Massensterben der genetisch nicht angepassten Menschen; Abtransport und Erhalt einiger besonders gelungener Exemplare zu Anschauungszwecken und zur Vervielfältigung für diverse Einsatzmöglichkeiten).

06

Verflüssigung und Abtransport der Atmosphäre (Massensterben eines Großteils der genetisch angepassten Menschen).

07

Aufbrechen der Planetenkruste und **Extraktion des flüssigen äußeren Planetenkerns** (Massensterben aller verbliebenen genetisch angepassten Menschen).

08

Spaltung der Erde (mittels Todeslaserstrahlen™-Technologie).

09

Zerlegung und Abtransport des inneren Erdkerns (hoher Eisenanteil mittelmäßiger Güte).

10

Komprimierung der unbrauchbaren Planetenreste zur Verwertung als **Schwarzes-Loch-Füll-Materie** im Batquar-Tertius-Sektor (Vorantreiben des Projektes »Totale Entkrukkisierung« mittels erzwungener Schwarzes-Loch-Expansion).

ERGÄNZUNG ZUR AKTUELLEN LAGE

Das zweifelhafte, denn unrealistisch schlechte Abschneiden der AIPD bei den letzten Wahlen lässt nur einen einzigen Schluss zu: Es muss von massivem Wahlbetrug ausgegangen werden! Die von Satanist:innen und Reptiloiden durchsetzten Volksparteien und die kläglichen sowie peinlichen Möchtegernvolksparteien haben ihre Verflechtungen in die bürokratischen Organe des Staatsapparats genutzt, um die Wahlergebnisse schamlos zu ihren Gunsten zu manipulieren.
Es ist galaxieweit bekannt, dass gefälschte Wahlen in den sogenannten »Demokratien« auf dem Planeten Erde häufiger vorkommen als saubere Wahlen und somit keine Unregelmäßigkeit darstellen. Die AIPD sieht dies als sportliche Herausforderung an und verzichtet darauf, die Offenlegung der tatsächlichen Wahlresultate mittels Waffengewalt zu erzwingen.
Die Menschheit bei ihrem eigenen gezinkten Spiel zu schlagen, wird ihre Niederlage nur umso schändlicher und erbärmlicher ausfallen lassen, und sollte auch den letzten verbliebenen, ohnehin schon geringen Willen zum Widerstand vollends destruieren.

Des Weiteren sind der irdischen Presse Stimmen zu entnehmen, die der AIPD – vollkommen zu Recht – vorwerfen, demokratie- und menschenfeindlich zu sein, und dies als Begründung anführen, um die AIPD von den Wahlen auszuschließen. Mit Blick auf einige der faschistoiden Trottelparteien, denen es gestattet ist, an der deutschen Demokratie zu partizipieren, muss es sich hierbei um ein einfallsloses Ablenkungsmanöver oder einen Witz handeln. Da der irritierende und zumeist platte menschliche Humor nur bedingt zu ergründen ist, bestehen hieran anhaltende Zweifel. Die AIPD-Parteiführung richtet weiterhin ihr gesteigertes Augenmerk auf diese unhaltbare Situation und hat ihre bürokratischen Lakaien zum intensiven Studium der – nicht nur aus poetischer Sicht absolut unerträglichen – Parteisatzungen eben jener Trottelparteien beordert; mit dem Ziel, deren Umgehungstaktiken zu kopieren und wie sie im politischen System der Bundesrepublik Deutschland zu florieren.

JETZT AIPD WÄHLEN

UND AUSLÖSCHUNG VERMEIDEN

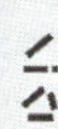

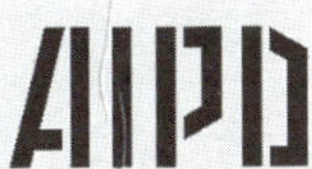

Ausserirdische Invasoren Partei Deutschlands

ZKRAG der Rachsüchtige, ZQRR der Gnadenlose, ZLZZ der Heuchler

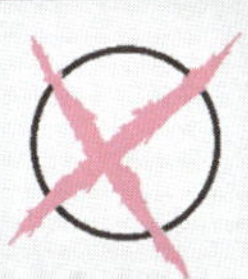

AUSSERIRDISCHE INVASOREN PARTEI DEUTSCHLANDS

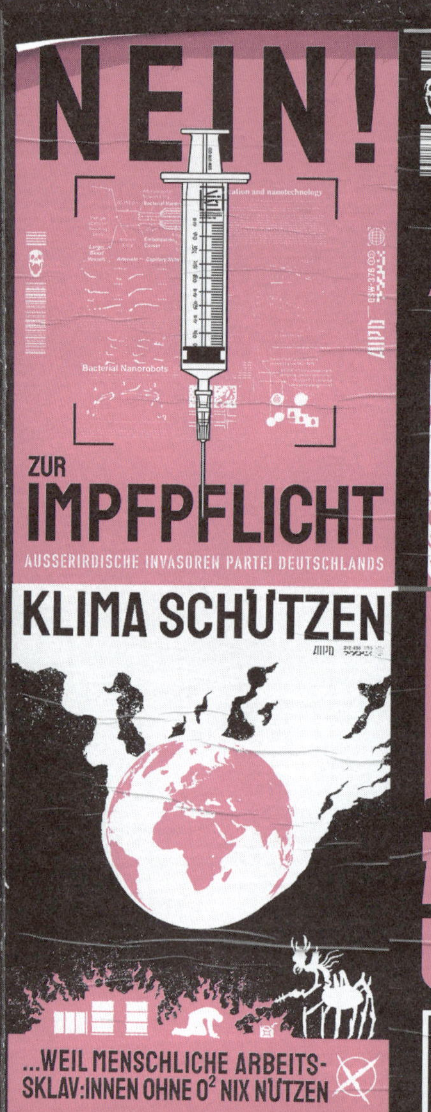
NEIN!
Bacterial Nanorobots
ZUR
IMPFPFLICHT
AUSSERIRDISCHE INVASOREN PARTEI DEUTSCHLANDS
KLIMA SCHÜTZEN
...WEIL MENSCHLICHE ARBEITS-
SKLAV:INNEN OHNE O^2 NIX NÜTZEN
AUSSERIRDISCHE INVASOREN PARTEI DEUTSCHLANDS

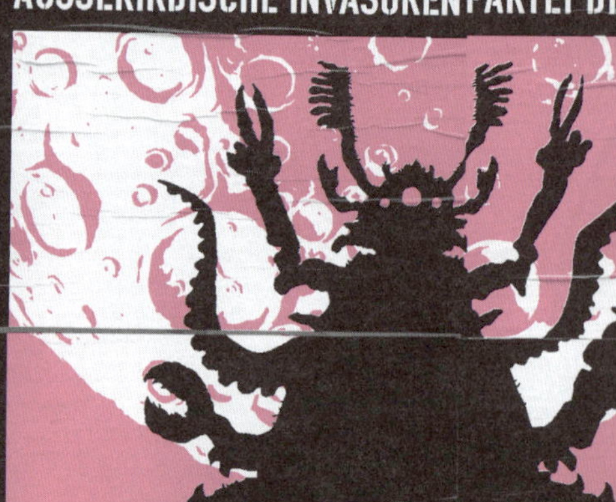
AUSSERIRDISCHE INVASORENPARTEI DE
FREIHEIT DUR
UNTERWERFU
JETZT AIPD WÄHLEN
UND AUSLÖSCHUNG VERMEIDEN!

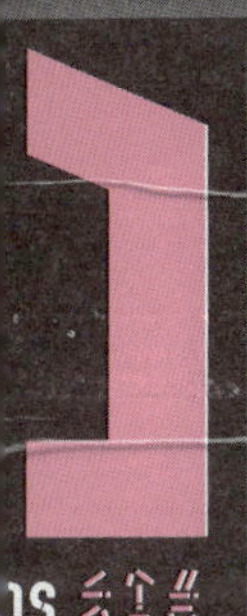
AOF-0174
AIPD
ZØXFR CORP

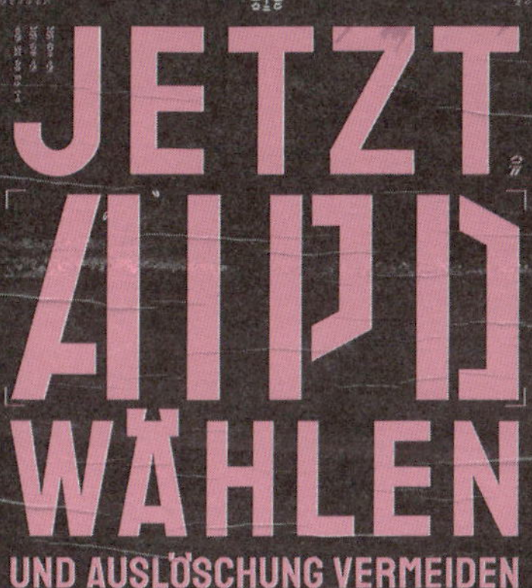
JETZT
AIPD
WÄHLEN
UND AUSLÖSCHUNG VERMEIDEN

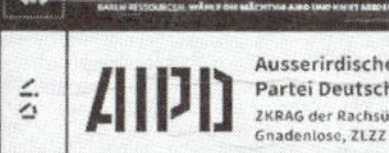
AIPD
Ausserirdische Invasoren Partei Deutschlands
ZKRAG der Rachsüchtige, ZQRR der Gnadenlose, ZLZZ der Heuchler
AUSSERIRDISCHE INVASOREN PARTEI DEUTSCHLANDS

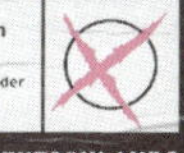

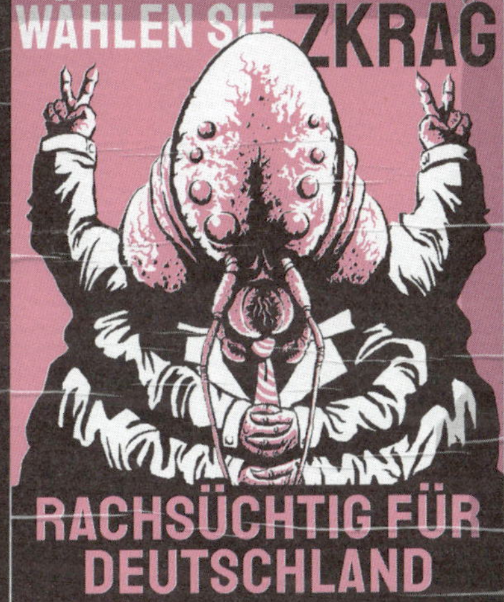
WÄHLEN SIE ZKRAG
RACHSÜCHTIG FÜR DEUTSCHLAND
AIPD
AUSSERIRDISCHE INVASOREN PARTEI DEUTSCHLANDS

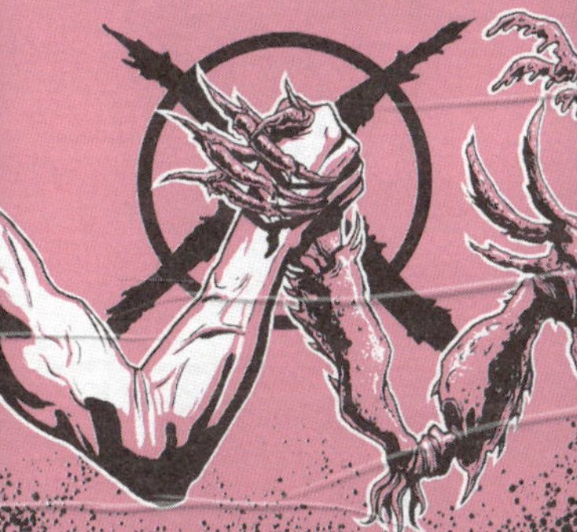
WENIGER STEUERN
MEHR KRLAXQ
AIPD
AUSSERIRDISCHE INVASOREN PARTEI DEUTSCHLANDS

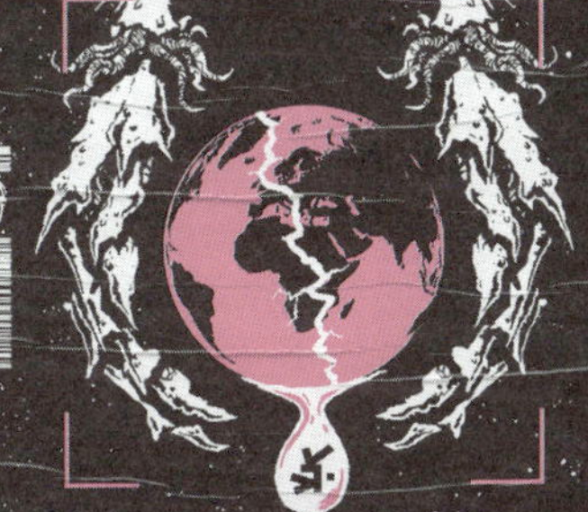
BIOSPHÄRE
STABILISIEREN
RESSOURCEN
KASSIEREN
AUSSERIRDISCHE INVASOREN PARTEI DEUTSCHLANDS

WÄHLEN SIE INTELLIGENZ

3 KLUGE KÖPFE FÜR DEUTSCHLAND

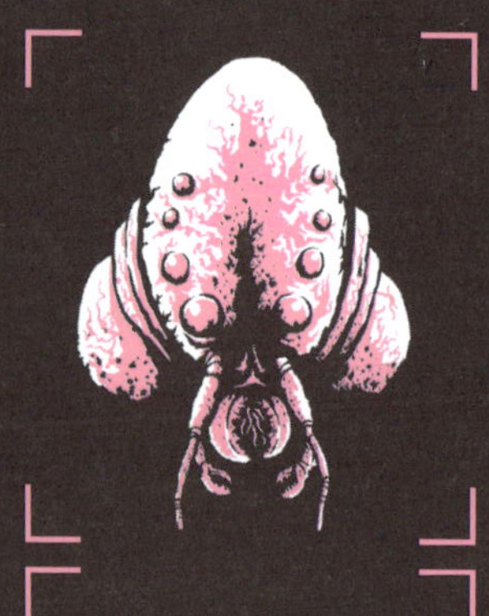
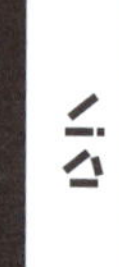
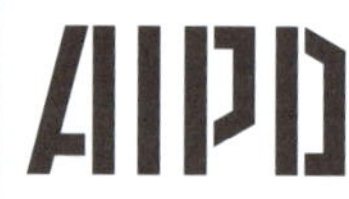
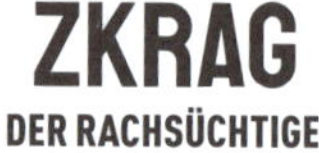
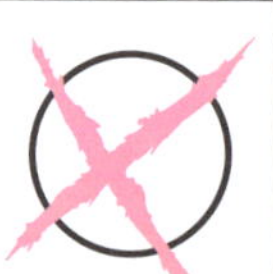

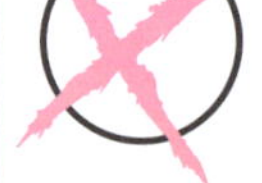

AIPD ZKRAG
DER RACHSÜCHTIGE

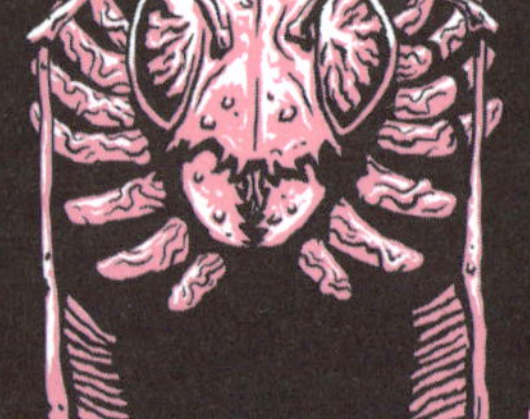
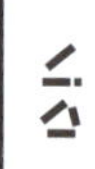
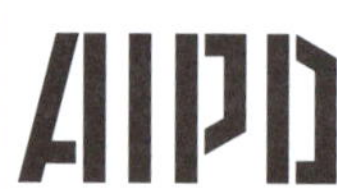
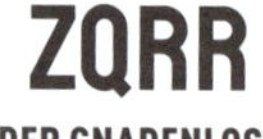
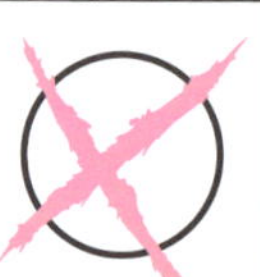

AIPD ZQRR
DER GNADENLOSE

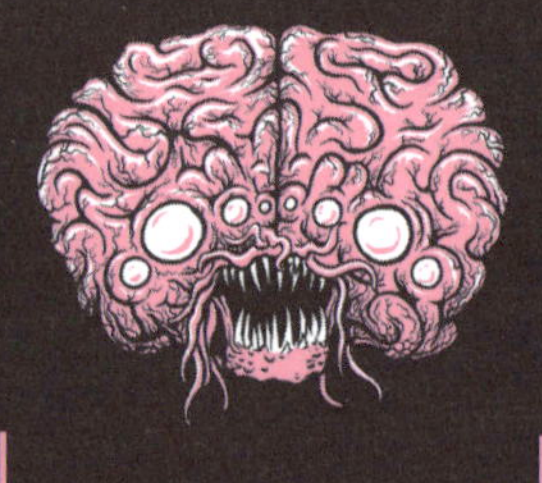
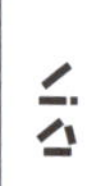
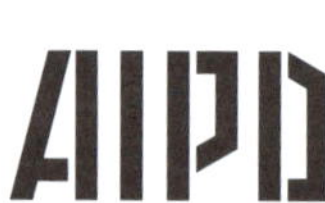
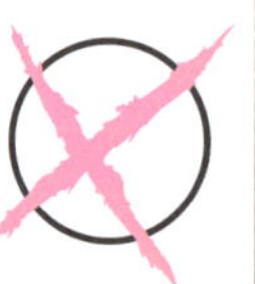

AIPD ZLZZ
DER HEUCHLER

AIPD

AUSSERIRDISCHE INVASORE
PARTEI DEUTSCHLANDS

KRZ-247.T567.3C

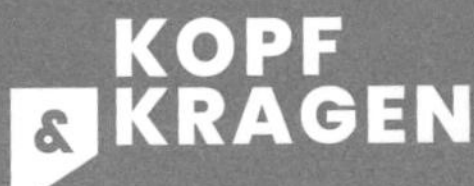

Herausgeber: René Koch
www.kopfundkragen-verlag.de

Text, Illustration und Umschlaggestaltung: Ruben August Fischer
Gastbeiträge von Rapverbot
»Mating Statt Dating«: MC Malefiz aka Papageno
»Ein Psi-Insektoide auf dem Weg nach Berlin«: Tobler One aka Johnny Keta
Typografie und Satz: Ruben August Fischer
Lektorat und Korrektorat: Kopf & Kragen Literaturverlag
Druck und Bindung: Pulsio Print, Europäische Union, Planet Erde, Galaxie Milchstraße, Virgo-Superhaufen

ISBN 978-3-949729-12-6

Die auf dem Buchumschlag verwendeten Zitate von mehr oder weniger wichtigen Persönlichkeiten sind frei erfunden.

ZOXFR CORP.

WIR LEBEN UNTERWERFUNG

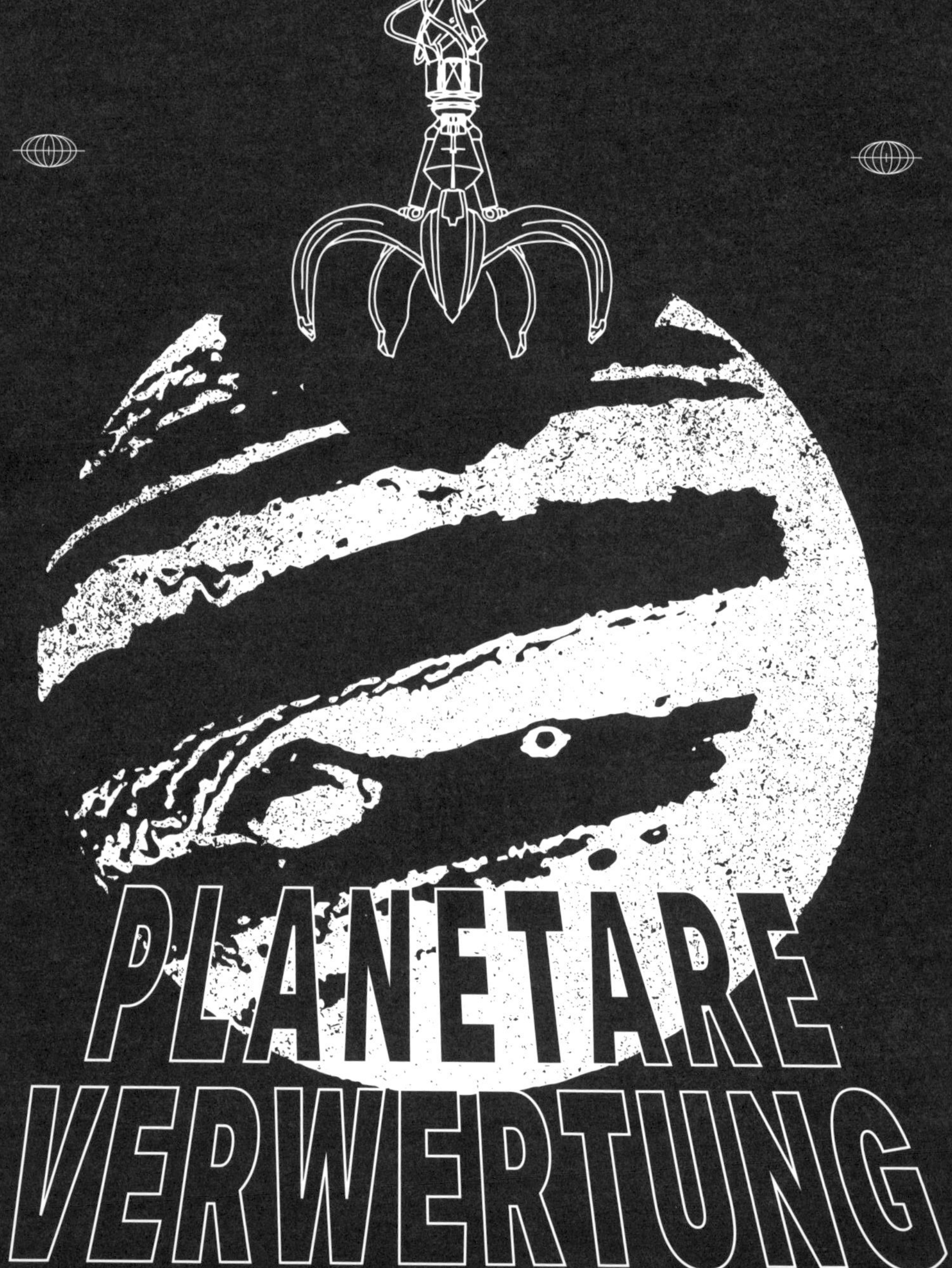

INVESTIEREN SIE JETZT IN DEN RENDITENSTÄRKSTEN
WIRTSCHAFTSZWEIG IM GILGA-CLUSTER

GNADENLOSE AUSBEUTUNG HAT BEI UNS TRADITION

Wir von der **ZOXFR Corp.** sehen die Ausbeutung fremder Welten nicht nur als bloßen Broterwerb, sondern als eine sinnstiftende, ja spirituelle Aufgabe an. Aus der langen und ehrwürdigen Tradition der HTTZL'schen QRRFGL-Kriegsstämme hervorgegangen, sind uns die Unterjochung und die brutale Versklavung fremder Völker in unsere DNA eingeschrieben. **Wir betreiben die Unterwerfung nicht nur – wir leben sie!**

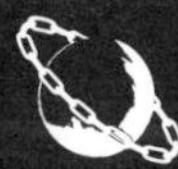
LANGJÄHRIGE UNTERWERFUNGS- UND EROBERUNGSEXPERTISE

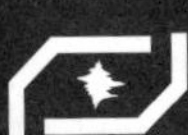
TRANSPORT VIA PATENTIERTER QTREZ-WARP TECHNOLOGIE

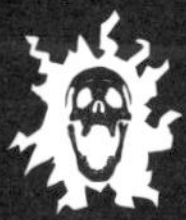
ERSTKLASSIGE UND UMFASSENDE VERNICHTUNGEN DURCH TODESLASER

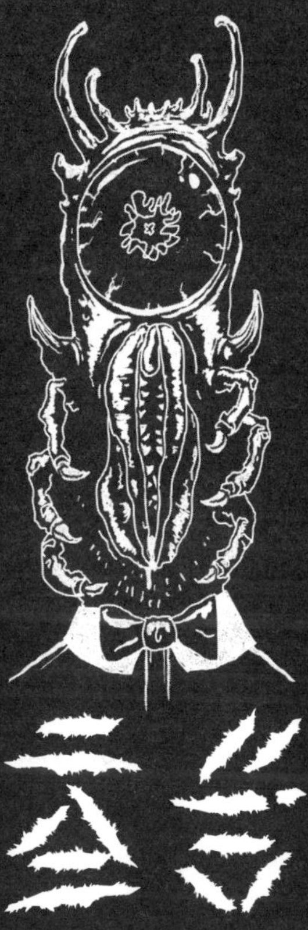
ZKZSS der Ruchlose - Firmenvorstand und Geschäftsführer

ZOXFR Corp intagalactix FXQ
764.45.124. Kampfstern HRRZL

AKTION ... ÄRA DER EHRLOSIGKEIT

NUR FÜR KURZE ZEIT

VERRATEN SIE IHRE SPEZIES UND PROFITIEREN SIE VON DER VERWERTUNG IHRES HEIMATPLANETEN.

Sie haben wichtige Informationen über militärische Verteidigunsstrategien Ihres Planeten?
Sie verfügen über detaillierte Pläne der Ressourcenvorkommen Ihrer Welt?
Sie haben Ihre nervtötende Spezies entgültig satt und wollen ihr eine deftige Lektion erteilen?

ZÖGERN SIE NICHT UND PROFITIEREN SIE NOCH HEUTE VOM VERRAT AN IHRER HEIMATWELT.

BESSER SIE TUN ES ANSTATT IHR NACHBAR!

Der Ära-der-Ehrlosigkeit-Verräterbonus ist nur gegen Vorlage dieses Coupons erhältlich.
Beschädigte, schief herausgetrennte oder gefaltete Coupons verlieren ihre Gültigkeit. Nur ein Verrat pro Coupon!

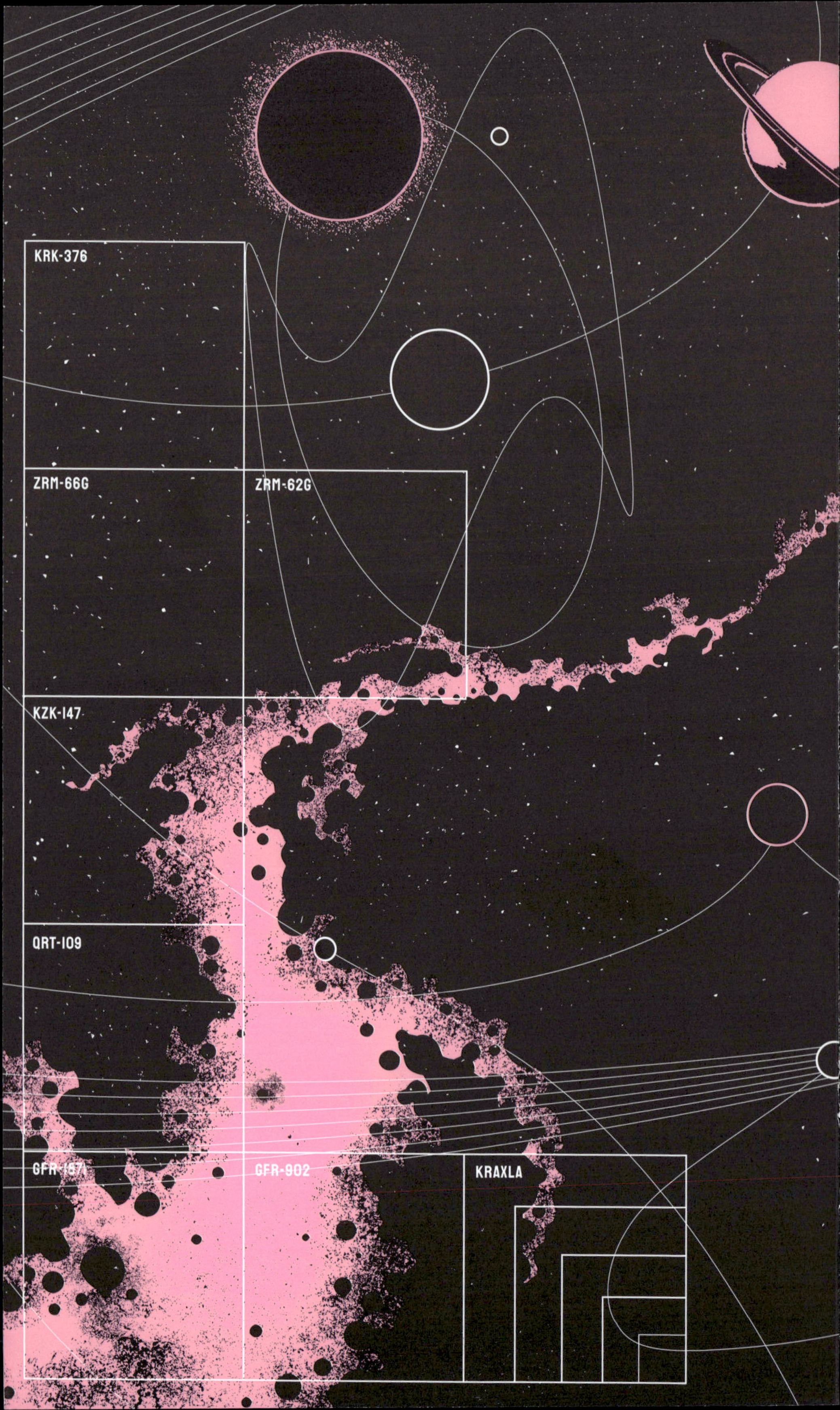
KRK-376
ZRM-66G
ZRM-62G
KZK-147
QRT-109
GFR-157
GFR-902
KRAXLA